El libro Pussy Riot

El libro Pussy Riot

De la alegría subversiva a la acción directa

Nadya Tolokonnikova

Traducción de Rosa Sanz

Rocaeditorial

Título original: *Read & Riot. A Pussy Riot Guide to Activism*

© 2018, Nadya Tolokonnikova

Ilustraciones de Roman Durov

Primera edición: septiembre de 2018

© de la traducción: 2018, Rosa Sanz
© de esta edición: 2018, Roca Editorial de Libros, S. L.
Av. Marquès de l'Argentera 17, pral.
08003 Barcelona
actualidad@rocaeditorial.com
www.rocalibros.com

Impreso por Liberdúplex
Sant Llorenç d'Hortons (Barcelona)

ISBN: 978-84-17092-86-3
Depósito legal: B. 17427-2018
Código IBIC: JF

Todos los derechos reservados. Esta publicación no puede ser reproducida, ni en todo ni en parte, ni registrada en o transmitida por, un sistema de recuperación de información, en ninguna forma ni por ningún medio, sea mecánico, fotoquímico, electrónico, magnético, electroóptico, por fotocopia, o cualquier otro, sin el permiso previo por escrito de la editorial.

RE92863

Índice

Introducción 11
   Comentario preliminar 11
   Somos superpoderes 14
   Palabras, hechos, héroes 20

REGLA N.º 1: Hazte pirata 23
   Palabras: La república popular pirata 24
   Las aguas internacionales de la piratería 25
   Hechos: Sin fronteras 28
   Héroes: Diógenes 30

REGLA N.º 2: Hazlo tú mism@ 35
   Palabras: El espíritu Hazlo tú mism@ 36
   Política basura 37
   La señora simplicidad: arte de bajo coste 41
   Hechos: Muerte al sexista 43
   Consejos básicos para formar un grupo de punk
      feminista 48
   Héroes: D. A. Prigov 48

REGLA N.º 3: Recupera la alegría 53
   Palabras: Viviremos entre amor y risas 54
   Dadá 55
   Hechos: Si la juventud se uniera 58
   Héroes: 1968 62

REGLA N.º 4: Haz que el gobierno se cague
  en los pantalones 71
  Palabras: Cuestiona el statu quo 72
  Hechos: Hablemos en serio 74
  Arte en acción 78
  Los sexistas están jodidos 80
  Héroes: Martin Luther King Jr. 83

REGLA N.º 5: Delinque con arte 87
  Palabras: El ser humano como animal político
    y artístico 88
  Rompe la (cuarta) pared 93
  Una plegaria 95
  Hechos: Las Pussy Riot en la iglesia 97
  Héroes: Los Yes Men 103

REGLA N.º 6: Detecta los abusos de poder 107
  Palabras: Roba, estafa, miente (todos lo hacen);
    o ¿quién es el señor Putin y qué tiene que ver
    con el señor Trump? 107
  Fascistas de extrema derecha 113
  Hechos: Arráncate la lengua a mordiscos 122
  Recupera las calles 126
  Héroes: Los hermanos Berrigan 130

REGLA N.º 7: No te rindas. Resiste. Organízate 135
  Palabras: Luce tus cicatrices como insignias de honor .. 136
  Hechos: La libertad es el delito definitivo 141
  Héroes: Emmeline Pankhurst 148

REGLA N.º 8: Huye de la cárcel 153
  Palabras: El complejo industrial de prisiones ... 154
  Hechos: Las Pussy Riot en la cárcel 164
  Héroes: Michel Foucault 183
  Teología de la liberación: una conversación con
    Chris Hedges 186

REGLA N.º 9: Crea alternativas 197
  Palabras: Sigue con tu rareza 198
  La imaginación al poder 204
  Hechos: Alternativa: otro sistema de cuerpos de
    seguridad es posible 206
  Héroes: Aleksandra Kolontái 215

REGLA N.º 10: Seamos personas 221
  Palabras: Bruja, zorra y a mucha honra 222
  El monstruo de la perfección obligatoria 231
  Hechos: La revolución es mi amiga 235
  Héroes: bell hooks 240
  Declaración final: Nuestra única esperanza son
    los desesperados 243

Epílogo de Kim Gordon 253
Epílogo de Olivia Wilde 255

Lecturas recomendadas 257

Introducción

COMENTARIO PRELIMINAR

Cuando tenía catorce años, me presenté en el periódico local con un artículo bajo el brazo sobre la contaminación y el cambio climático. Allí me dijeron que era una nena muy maja y que no escribía mal, pero que sería mejor que me limitara a hablar del zoo. Cómo no, aquel artículo sobre los niveles catastróficos de contaminación de mi ciudad no llegó a publicarse nunca. En fin.

He vivido muchas cosas desde entonces, como mi detención y los dos años que pasé en la cárcel, pero en el fondo no he cambiado nada. Sigo planteando preguntas incómodas, aquí, allá y en todas partes.

Esas preguntas, aunque no obtengan siempre una respuesta, siempre me han llevado a la acción. Creo que he dedicado mi vida entera al activismo. Mis primeras veces no fueron más que chiquilladas en las que participábamos mis amigas y yo. Empezamos a reclamar un espacio público y a colaborar en protestas políticas hace mucho, allá por el año 2007, cuando teníamos unos dieciséis o diecisiete años y dábamos un poco de risa. Fundamos Pussy Riot en octubre de 2011, pero antes nos pasamos cinco años durante los que no dejamos de estudiar y practicar el activismo a saco, cinco años aprendiendo a escapar de la policía, a crear arte sin dinero, a saltar vallas y a fabricar cócteles molotov.

Nací unos días antes de la caída del Muro de Berlín. En ese momento se creía que, eliminada ya la contradicción entre socialismo y capitalismo, por fin íbamos a vivir en paz... Más bien, y como hemos visto, la desigualdad ha crecido hasta unos niveles astronómicos, las oligarquías de todo el mundo se han hecho con el poder, la educación y la sanidad públicas están en peligro y nos enfrentamos a una hecatombe ecológica probablemente irreversible.

Cuando Trump ganó las elecciones a la presidencia, hubo mucha gente que se quedó de piedra. **En realidad, ese 8 de noviembre de 2016 fue el día en que se vino abajo el concepto del contrato social, la idea de que podíamos vivir en paz sin ensuciarnos las manos con la política,** de que bastaba con votar una vez cada cuatro años para proteger nuestras libertades (o no votar en absoluto: estar por encima de la política). Esa creencia —la de que las instituciones estaban ahí para protegernos y velar por nosotros, y de que no teníamos que preocuparnos por protegerlas de la corrupción, los grupos de presión, los monopolios, ni por el control de empresas y gobiernos sobre nuestros datos personales— se rompió en mil pedazos. Delegábamos la lucha política igual que delegábamos los trabajos peor remunerados y las guerras.

Los sistemas actuales no han logrado responder a las preguntas de la ciudadanía, de modo que la gente ha empezado a buscar respuestas fuera del espectro político predominante. Sin embargo, de ese descontento se están aprovechando grupos políticos de extrema derecha, xenófobos, oportunistas, corruptos y cínicos. Los mismos que ayudaron a crear y exacerbar el problema son los que vienen ahora a ofrecernos la salvación. Es su *modus operandi*. Se trata de la misma estrategia de recortar los fondos de un programa u organismo oficial del que quieran librarse y mostrar luego su ineficiencia resultante como prueba de que debe desmantelarse.

Si la agresión nacionalista, el cierre de fronteras y el excepcionalismo de todo pelaje fueran prácticas beneficiosas para la sociedad, Corea del Norte sería el país más próspero del planeta. Pero aunque no hayan funcionado nunca, la gente sigue creyéndolo. Así es como se explica el éxito de Trump, el Brexit, Le Pen, Orbán y demás. En Rusia, el presidente Putin tira de los mismos hilos: explota el complejo de furia, el sufrimiento y el empobrecimiento del pueblo ruso provocados por la crisis económica, la privatización maquiavélica y la liberalización salvaje que tuvo lugar en los años noventa.

No soy presidenta ni congresista, no tengo mucho dinero ni poder, pero usaré mi voz para decir humildemente que, tras repasar la historia del siglo xx, tanto el nacionalismo como el excepcionalismo me producen bastante repelús.
Ahora más que nunca, ha llegado el momento de recuperar el poder de manos de los políticos, los oligarcas y los intereses ocultos que nos han puesto en esta tesitura. Es la hora de que dejemos de comportarnos como si fuéramos la única especie que habita en la Tierra.
No parece que nos espere un futuro de color de rosa, ni progresista, ni nada bueno. Las cosas pueden ir a peor. En mi país no han dejado de empeorar desde 2012, el año en que metieron a las Pussy Riot entre rejas y Putin fue reelegido presidente por tercera vez.

Desde luego, las Pussy Riot tuvimos mucha suerte al no ser olvidadas y abandonadas tras los muros de la cárcel. Todos los policías que hablaron con nosotras después de nuestra detención nos recomendaban que: a) nos rindiéramos, b) nos calláramos y c) declarásemos nuestro amor incondicional hacia Vladímir Putin. «A nadie le importa lo que sea de vosotras; moriréis en prisión y nadie lo sabrá nunca», «No seas tonta: di que quieres a Putin». Sin embargo, nosotras insistimos en que no, y muchos nos apoyaron por nuestra cabezonería.

A menudo me siento culpable por todo el apoyo que recibimos. Fue algo increíble. Hay muchas cárceles políticas en nuestro país, y la situación no hace sino agravarse con el tiempo. Los demás casos no atraen la atención mediática que sin duda merecen. Por desgracia, las condenas a los activistas políticos se perciben como algo normal entre la opinión pública. **Cuando las pesadillas suceden cada día, la gente deja de reaccionar.** Es el triunfo de la apatía y la indiferencia.

Los contratiempos y los fracasos no son motivo suficiente para renunciar al activismo. Sí, es cierto que los cambios sociopolíticos no se producen de forma lineal, y hay veces en las que hay que luchar durante años para obtener el más mínimo resultado. No obstante, en otras ocasiones se pueden derrumbar montañas en segundos. En el fondo, nunca se sabe. Yo prefiero seguir intentándolo, con humildad, pero también con perseverancia.

SOMOS SUPERPODERES

Últimamente se habla mucho de Rusia en Estados Unidos, pero son pocos los que saben cómo es Rusia en realidad. ¿Qué diferencia hay entre un país tan bello y lleno de gente maravillosa, creativa y comprometida y su gobierno cleptocrático? Muchos se preguntan cómo será vivir bajo el yugo de una figura misógina y autoritaria, dotada de un poder casi absoluto. Yo podría daros algunas pistas acerca de cómo es ese mundo.

La relación entre Rusia y Estados Unidos es un completo desastre. Y yo, sin embargo, como si padeciera de una extraña compulsión masoquista, disfruto de mis viajes a la sombra de ambos imperios. Mi existencia tiene lugar en algún punto entre esos dos gigantes.

No soy partidaria de las fronteras (ni ellas lo son de mí). Sé que el poder radica en la unión interseccional, inclusiva e internacional de aquellos a quienes les importan más las personas que el capital o la posición económica.

Somos algo más que átomos, separados unos de otros y asustados por la televisión y la desconfianza mutua, encerrados en las celdas de nuestras casas y nuestros iPhone, descargando nuestra ira y nuestro resentimiento contra nosotros mismos y los demás. Pero ¿quién querría vivir en un mundo en el que todo está a la venta y no queda lugar para el bien común? Algunos aborrecemos esa actitud cínica y estamos dispuestos a luchar para defendernos. Además, no solo resistimos, también respondemos y nos adelantamos. Vivimos el momento de acuerdo con nuestros valores.

Cuando busco las palabras para hablar de un enfoque más holístico de la política mundial y propongo iniciar un debate sobre el futuro del planeta en lugar de sobre las ambiciones y la riqueza de los estados, resulta inevitable que mucha gente me considere una ingenua de ideas utópicas. Durante un tiempo creí que ello se debía a mis escasas dotes comunicativas, y es posible que esa sea una parte del problema, pero en el fondo considero que ese fracaso de la palabra es un síntoma de algo más grande. **Nunca hemos llegado a desarrollar un lenguaje con el que discutir sobre el bienestar de la Tierra en su conjunto.** Categorizamos a las personas por su procedencia, sin referirnos a ellas como una parte más de toda la especie humana.

No hace falta recordar que hemos sobrevivido a la crisis de los misiles en Cuba y a muchas debacles más. Y sin embargo, ahora volvemos sin rechistar al antiguo paradigma de la Guerra Fría. El *Boletín de los Científicos Atómicos* ha fijado la hora del Reloj del Apocalipsis a dos minutos de la medianoche. Las amenazas globales son peores ahora que cuando se produjo la Iniciativa de Defensa Estratégica de Estados Unidos en los años ochenta. Y nosotros encantados de volver a echarle la culpa a nuestros contrarios, el enemigo externo.

Cuando dos personas luchan durante mucho tiempo, acaban pareciéndose la una a la otra. Imitas a tu rival, por lo que es posible que antes o después termines siendo indistinguible de él. Se trata de un eterno juego de espejos. Si tu oponente es una persona de grandes cualidades, puede que sea bueno y todo, pero cuando se trata de una guerra entre imperios, el resultado suele ser funesto.

Cuando Putin tiene que introducir alguna ley nueva y repulsiva, antes menciona las prácticas estadounidenses. Cuando permite que la policía rusa actúe con violencia, con muchísima violencia, frente a los manifestantes, siempre te dicen la misma cantinela: «¿De qué os quejáis? En Estados Unidos ya os habrían matado por protestar tanto». Si defiendo la reforma carcelaria de Rusia y afirmo que ningún ser humano debería ser torturado ni privado de atención médica, me responden: «¡Piensa en Guantánamo, allí es mucho peor!». Cuando Putin invierte más dinero en el complejo industrial y militar en vez de cuidar de una estructura que se desmorona, exclama: «¡Fijaos en lo que hace la OTAN! ¡Fijaos en los drones! ¡Fijaos en los bombardeos en Irak!».

Y es cierto, terroríficamente cierto. No obstante, creo

que la pregunta que hay que hacerse aquí es la siguiente: ¿quién tomó la decisión de copiar lo peor de los demás, y en qué momento?

Cuando mi gobierno contrata a matones para que me apaleen y me quemen los ojos con un producto químico verdoso (cosa que hacen), lo que te dicen es: a) eres una zorra antirrusa, b) tu objetivo es destruir Rusia, c) te está pagando Hillary, d) vete a Estados Unidos. Y cuando algún estadounidense cuestiona el poder y las bases de la versión oficial, se le tilda de antiamericano. Como indica (y sabe bien) Noam Chomsky: «Igual que en la Unión Soviética el antisovietismo estaba considerado el peor de todos los crímenes, Estados Unidos es la única sociedad libre en la que existe tal concepto. El americanismo, el antiamericanismo y la ausencia de americanismo son nociones que combinan bien con la "armonía" y la idea de librarse de los intrusos».

El panorama es desolador. Nos inclina a pensar que la política es aburrida e inútil, y que no merece la pena comprometerse porque nunca cambiaremos nada. Sin embargo, yo digo que lo intentemos. **Solo tenemos que hablar del tema como personas.** Es muy sencillo: sanidad, educación, acceso a la información sin censuras. Dejad de gastar nuestros recursos en drones, misiles balísticos intercontinentales y servicios de inteligencia con tendencias voyeuristas. Pagad a los trabajadores, porque no somos esclavos. Estamos hablando de derechos, no de privilegios. Todo esto se puede conseguir: el cambio es mucho más factible de lo que nos han hecho creer.

Putin sigue en el poder, pero no porque todo el mundo esté contento con su forma de gobernar. Nos damos cuenta de que somos cada vez más pobres mientras que él y sus compinches se enriquecen día a día. Pero (y siempre hay un pero) ¿qué podemos hacer? No tenemos el poder para cambiar las cosas, o eso nos dicen.

Si tuviera que señalar a nuestro peor enemigo, diría

que es la apatía. Si no viviéramos atrapados en la idea de que nada puede cambiar, podríamos conseguir resultados fantásticos.

Lo que nos hace falta es confiar en que las instituciones puedan funcionar mejor, y en que seamos nosotros quienes lo logremos. El pueblo ignora el enorme poder que tiene y que por algún motivo no usa.

El artista y escritor Václav Havel pasó cinco años en un campamento de prisioneros soviético en castigo por sus opiniones políticas, aunque más adelante se convirtió en presidente de Checoslovaquia tras la caída de la URSS. En 1978 Havel escribió una obra brillante e inspiradora llamada *El poder de los sin poder*, un ensayo que llegó a mi vida como un milagro.

Después de condenarme a dos años de cárcel, me llevaron a uno de los campos de trabajos forzados más duros de toda Rusia: Mordovia. Tras un solo mes de penurias en aquel lugar (cuando aún tenía por delante más de un año y medio de cárcel), me volví apática y apagada. Habían quebrado mi espíritu. Me volví obediente a causa de los abusos constantes, el trauma y la presión psicológica. «¿Qué puedo hacer contra esta maquinaria totalitaria —pensaba—, aislada de todos mis amigos y camaradas, sola sin remedio, sin posibilidad alguna de escapar?» Estaba en manos de los amos de la prisión, quienes no se hacían responsables de las lesiones o la muerte de los prisioneros. Éramos literalmente suyos, sus esclavos mudos, entes desechables, sombras sonámbulas de lo que fueron seres humanos.

Pero soy una mujer con suerte, porque descubrí *El poder de los sin poder*. Lo leí a escondidas de los funcionarios de la prisión y lloré de alegría. Aquellas lágrimas me devolvieron el valor y la confianza. No estamos rotos hasta que nos dejamos romper.

Havel escribió: «En el sistema postotalitario está inscrita la implicación de todo hombre en la estructura del poder, no para que tome conciencia de su identidad humana, sino para que renuncie a ella en favor de la "identidad del sistema", esto es, para que se convierta en un soporte más de "autocinesis", un siervo de su autofinalidad.

»Pero no solo esto: también para que con su ligazón contribuya a la creación de una norma común y ejerza presión sobre sus conciudadanos. Y esto no basta: también para que se habitúe a esta ligazón, se identifique con ella, viéndola como algo natural y esencial y pueda así al final llegar —por sí solo— a considerar el desvincularse de esa ligazón como una anormalidad, una afrenta, un ataque a sí mismo, como "excluirse de la sociedad". De este modo arrastra a todos a la propia estructura del poder y los convierte en el instrumento del totalitarismo recíproco, del "autototalitarismo" social».

Las palabras son poderosas: el ensayo de Havel ejerció una profunda influencia en la Europa del Este. Zbigniew Bujak, activista del sindicato polaco Solidaridad, comentó al respecto: «El ensayo nos llegó a la fábrica Ursus en 1979, en un momento en el que nos sentíamos totalmente derrotados. Inspirados por el KOR [el Comité de Defensa de los Trabajadores polaco], habíamos estado discutiendo entre nosotros, hablando con los obreros, participando en reuniones públicas, intentando contar la verdad sobre la fábrica, el país y la política. Llegó un punto en que la gente pensaba que nos habíamos vuelto locos. ¿Por qué lo hacíamos? ¿Por qué nos arriesgábamos tanto? Al no ver resultados tangibles ni inmediatos, empezamos a dudar de la utilidad de nuestros actos. ¿Acaso debíamos probar con otros métodos, otras maneras? Entonces apareció el ensayo de Havel. Su lectura nos proporcionó las bases teóricas con las que sustentar nuestras actividades. Nos levantó el ánimo, no nos dimos por vencidos y, un año después, en agosto de 1980, quedó claro que el aparato del Partido y la dirección de la fábrica nos tenían miedo. Éramos importantes».

Cuando nos fallen las fuerzas, busquemos las palabras que nos inspiren. Así pues, no olvides que el poder está en tus manos y ten fe en ti. Juntos, como comunidad o como movimiento, podemos hacer milagros (y los haremos).

PALABRAS, HECHOS, HÉROES

Durante el resto del libro voy a exponer una serie de reglas, tácticas y estrategias que me han sido útiles a lo largo de mi vida. Aunque cada persona debe encontrar su propio camino, espero que al menos encontréis algo que os resulte interesante en el mío.

Creo en la unión de la teoría y la práctica, de las palabras y los hechos. Procuro no hablar demasiado sin hacer algo entre medias (como organizar una manifestación, una instalación de arte o un concierto). En el principio existía la palabra, pero, como todos sabemos, los hechos le siguieron de cerca. En mi vida ocurrió lo mismo, y por eso escribo acerca de las cosas que me inspiran, me deprimen o me cabrean. También practico lo que predico, y cada parte de la ecuación —hechos y palabras— crece, se refuerza y se refleja en la otra.

Por lo tanto, cada uno de los capítulos de este libro tiene la estructura siguiente:

1. Palabras
2. Hechos
3. Héroes

Pero ojo: también aparecerán cuadros mágicos de vez en cuando.

La magia, la brujería y los milagros son una parte fundamental de toda lucha por la justicia. Los grandes movimientos de la humanidad, como el mismo universo, no siguen una lógica simple y lineal (en plan «yo te doy un dólar, tú me das un acto de justicia»). Entender este hecho te permitirá seguir siendo lo bastante abierto e ingenuo como para seguir asombrándote, seguir haciéndote preguntas y dar gracias por todo lo vivido. Como, por ejemplo, las estancias en la cárcel. La lógica no lineal de los movimientos sociales exige que los activistas sean criaturas atentas, sensibles, agradecidas y abiertas de mente. Son piratas y brujas. Creen en la magia.

REGLA N.º 1

Hazte pirata

> Sal en busca de una verdad que derrumbe los límites y las definiciones existentes. Sigue tu instinto para romper con las normas establecidas y establecer otras nuevas, nuevos paradigmas. Aquello que está petrificado dista mucho de ser perfecto.

En mi país estoy en tierra lejana;
junto a un ardiente brasero tiemblo;
desnudo como un gusano, vestido de presidente,
río llorando y espero sin esperanza,
me reconforto en triste desesperación,
me divierto y no hallo placer alguno,
poderoso soy sin fuerza y sin poder,
bien acogido, de todos rechazado.

FRANÇOIS VILLON

No creo que sea necesario saber exactamente lo que soy. El objetivo principal de nuestra vida y obra consiste en convertirnos en personas distintas de las que éramos al principio.

MICHEL FOUCAULT

La independencia es mi felicidad, y veo las cosas tal como son, sin distinguir el lugar o la persona; el mundo es mi país y mi religión es hacer el bien.

THOMAS PAINE, *Los derechos del hombre*

Palabras

LA REPÚBLICA POPULAR PIRATA

«No creo que sea necesario saber exactamente lo que soy. El objetivo principal de nuestra vida y obra consiste en convertirnos en personas distintas de las que éramos al principio», dice Michel Foucault.

Si lo que deseas es consumir tu propia identidad y transformarla en fertilizante para uso de los demás, tendrás que arder, tu carne será esparcida por todo el planeta de manera violenta y brutal y los pájaros te picotearán el hígado. Sin embargo, es una experiencia gratificante. Renacerás de las cenizas renovado, joven y bello para toda la eternidad.

Quiero que mi vida sea más intensa. Quiero alcanzar la densidad máxima, vivir siete vidas en una. De lo que se trata es de buscar vidas, no experiencias. En mi opinión, la búsqueda de experiencias es como una versión *light* y sin grasas de vivir siete vidas en una. Y es que vivir por vivir no es vida, solo porque nos digan que debe ser así. Esa respuesta no me vale.

La cultura punk nos ha enseñado que ser mansos y moderados no suele ser la mejor opción. Cuando la intuición te diga que ha llegado la hora de dejar atrás la moderación, no lo pienses más y hazlo.

NO INTENTES DEFINIR EL PUNK

Ser punk es sorprender en todo momento. No se trata de llevar una cresta hasta que te mueras. **Ser punk significa cambiar tu propia imagen de forma sistemática, ser esquivo: sabotear los códigos culturales y políticos.**

El punk es un método. Bach y Händel son mis principales influencias punk. No me gusta el concepto de la subcultura punk, que te obliga a atenerte a una imagen concreta. El artista de *performances* Alexander Brener critica a los que se compran unos vaqueros de pitillo, les hacen agujeros y se creen más punkis que nadie. Los auténticos punks exigen más. El primer día, te rompes los vaqueros; el segundo, te pones unos Louboutin robados; el tercero, te rapas la cabeza; y el cuarto te dejas crecer el pelo hasta el culo. Para mí, ser punk consiste en derribar, transformar y superar las expectativas.

LAS AGUAS INTERNACIONALES DE LA PIRATERÍA

Desconfío de todas las limitaciones que se me impongan, ya sean en cuanto a sexo, nacionalidad, color de pelo, el timbre de mi voz, mi manera de follar o de cepillarme los dientes.

Si hay algo que puedo ofrecer es la perspectiva de un ser humano que no es especialmente ruso, chino ni estadounidense, sino que trata de vivir y respirar a su manera: la perspectiva de un pirata.

Como pirata, soy marinera y aventurera, pero también conozco el valor de la comunidad, la gente en quien confías, los que se unirían contigo a la guerrilla si fuera necesario. Mi hogar reside en mi corazón y en los corazones de mi tribu.

Otra de mis ocupaciones consiste en investigar acerca de la vida y los órdenes políticos que me rodean. Mi disciplina artística se basa en agudizar la mente y mantener los ojos bien abiertos. Me he comprometido a seguir siendo crítica y, si es preciso, llevar a cabo análisis, disecciones e indagaciones feroces... Al mismo tiempo, me obligo a mí misma a no renunciar al amor, la amplitud de miras y las relaciones personales. La empatía y la compasión son las únicas amigas fieles de quien aspira a conectar con el mundo, hacerse eco del momento que vive y el aire que respira, escuchar la música y las armonías del universo que vibran en una variedad inabarcable de acordes.

Como dijo el filósofo Peter Sloterdijk al hilo de los *Escritos corsarios* de Pasolini: «La idea del intelectual como bucanero es un bonito sueño. Rara vez hemos llegado a vernos de esa manera. El bucanero no puede adoptar posturas fijas, dado que va cambiando de un frente a otro continuamente».

Siempre me ha fascinado esa gente que trata de explicarse la realidad empleando el discurso torpe y constreñido del Imperio. Nunca lo he entendido. No entiendo las arengas vacías acerca de los enemigos del Estado, los enemigos de fuera, los... En fin, la lista es infinita, como, por ejemplo:
los rusos
los rojos
el Tío Sam
los musulmanes
los cerdos yanquis
los mexicanos
las brujas
las lesbianas
Pussy Riot
.... *ponga aquí su nombre*
.... *ponga aquí el nombre de su madre*

Cuando quieres hallar la verdad y difundirla, dejas atrás el terreno de lo conocido (por definición), por lo que puedo garantizarte que parecerás tonto, ridículo a veces, y para nada respetable. Deberás aprender a amar tus fracasos, pues forman parte de tu camino hacia lo sublime. Adéntrate en las aguas internacionales de lo desconocido, donde ser pirata es lo único que se puede hacer.

Nada que esté petrificado es perfecto. Este extraño mundo líquido es real y no se está mal aquí. ¿Y qué nos queda si no? ¿La creencia de que los amantes de los perros y los amantes de los gatos no deben casarse entre ellos?

Cuando eres líquido, eres libre de adoptar cualquier forma y mezclarte con otros líquidos. Ser hielo no mola; yo prefiero ser agua. Seduce y déjate seducir por el cuestionamiento radical.

Hechos

SIN FRONTERAS

Yo nací en Norilsk, una ciudad muy industrial y muy siberiana. Siberia tiene forma de polla y mi ciudad está situada en el glande. Pasaba los veranos en casa de mi abuela, justo entre las pelotas y cuatro horas de vuelo de un punto a otro.

El aire de mi ciudad natal está compuesto por metales pesados con una pizca de oxígeno. La esperanza de vida es diez años inferior a la de otras regiones de Rusia y el riesgo de cáncer dos veces más alto.

Crecí entre adultos perseverantes, independientes y centrados. Mi madre es una maximalista con una impresionante ética laboral, igual que su marido, mi padrastro. Mi madre puede señalar un perro y decirte que es un gato, y te lo acabas creyendo. Tiene un don para convencer y liderar. Mi padre es el responsable de toda la divina locura de mi vida. Es escritor, artista, un cínico romántico, un estoico, un nómada, un aventurero... y, desde luego, un pirata. «Cuando tenía cuatro años —escribe mi padre sobre mí—, Nadya me dijo muy seria, grave y circunspecta: "¡Papá! No me obligues nunca a nada". No recuerdo cuál era la situación, pero enseguida lo entendí como una declaración de independencia. Y, de hecho, nunca la he obligado a hacer nada, solo me he limitado a motivarla. Mi punto de partida ha sido siempre su propia voluntad. La cultivé desde el interior, como la flor del azafrán.»

Mi padre no es una persona religiosa en el sentido

tradicional, pero entiende la importancia de la cultura y el idioma de la trascendencia. Cuando era niña, solíamos visitar iglesias católicas, protestantes y ortodoxas, mezquitas, sinagogas y hasta celebraciones de los hare krishna. Mi padre nunca me impuso ningún dogma. Contrastábamos impresiones con libertad, alegría y buen humor, y en ocasiones escribíamos acerca de ellas.

¿De dónde soy? Soy de la ciudad más contaminada del planeta. Soy de la Vía Láctea. Soy de la literatura rusa y del teatro japonés. Soy de cada ciudad donde he luchado o follado. Soy de la cárcel y de la Casa Blanca. Soy de los discos punk y de las composiciones de Bach, de mi obsesión por el turquesa, el café y la música muy alta.

Cuando tu ídolo juvenil es Vladímir Mayakovski, el poeta revolucionario ruso, sabes que estás bien jodida. Significa que tarde o temprano acabarás metiéndote en política. Ciertamente, mi impaciencia, mi atrevimiento y mis ganas de vivir terminaron metiéndome en política más temprano que tarde. Tenía catorce años y pensaba que la cosa más maravillosa del universo sería dedicarse al periodismo de investigación.

—¿Qué quieres ser de mayor? —me preguntaban los amigos de mis padres.

La pregunta no me hacía mucha gracia, pues implicaba definir de una vez y para siempre quién iba a ser el resto de mi vida.

—Quiero estudiar filosofía —respondía.

—Qué disparate, ¿quién va a pagarte para que seas filósofa? Ese trabajo no existe.

Si me niego a definirme, ¿qué te hace pensar que quiero que me etiqueten por meras cuestiones monetarias? No me apetecía envolverme en papel brillante para ponerme a la venta.

En aquellos tiempos no leía libros izquierdistas, pero nuestra intuición adolescente suele tender claramente en esa dirección (y es bueno que así sea). Soy consciente de que debo de parecer una ingenua integral, pero no pienso disculparme por ello. **Con el tiempo, la ingenuidad me ha brindado las mejores experiencias de mi vida.**

—Me da igual. Yo voy a estudiar filosofía.
—¿Por qué?
—¿Porque me hace feliz?

Hui de mi hogar siberiano en cuanto obtuve el título de secundaria y me monté en un avión rumbo a Moscú. Ser un pirata adolescente no es nada fácil. Lo pasas mal intentando descubrir quién eres, estás obligado a seguir las normas y te bombardean con instrucciones y consejos. En todo caso, yo no estaba dispuesta a permitir que me definieran los demás. Esa era mi labor, y me ocupé de ella.

Héroes

DIÓGENES

Diógenes de Sinope (también llamado el Cínico y el Perro) fue un filósofo griego nacido en el siglo v a. C., hace unos 2.400 años. Vivió con frugalidad y sencillez, les decía lo que quería a los poderosos y no le importaba una mierda lo que pensaran de su persona. Hoy en día podríamos aprender muchas cosas de él. Dedicaba sus días a caminar con una linterna en ristre en busca de hombres honrados.

Se dice que encontró la inspiración en los ratones que van de un lado a otro, no para hallar refugio o ricos alimentos, sino existiendo sin más. Diógenes dormía arropado por su capa cuando le apetecía, hablaba con quien le daba la gana y vivía en una tinaja de vino. Era un cínico, una palabra procedente del griego κυνικός (*kynikos*), que significa perruno.

Diógenes no se llevaba bien con su contemporáneo Platón. El biógrafo Diógenes Laercio cuenta que lo criticaba por ser un vanidoso e interrumpir sus discursos para meter baza. Su mayor crimen fue convertir la filosofía en pura teoría, mientras que para Sócrates o Diógenes siempre fue una combinación de teoría y práctica: la vida real. Sócrates, el padre de la filosofía, no escribió nunca obra alguna. Como Diógenes, lo que hacía era pasear bebiendo y charlando. Platón y Aristóteles son los responsables del concepto moderno de que la filosofía tiene que ser algo escrito en un papel. Sin embargo, antes ya había existido una rama alternativa, la filosofía práctica, por la cual los filósofos predicaban con su ejemplo a partir de su estilo de vida, no con palabras, sino con hechos.

A los dieciocho años intenté convencer a mis profesores de la facultad de Filosofía de la Universidad Estatal de Moscú para que me permitieran aprobar los exámenes realizando actividades en lugar de escribiendo ensayos. Al final llegamos a un acuerdo y redacté un trabajo acerca de la filosofía en acción.

El dramaturgo Luciano de Samósata adjudica a Diógenes el primer uso registrado de la expresión «ciudadano del mundo». Cuando le preguntaban por su procedencia, siempre respondía de la misma manera: «Soy de todas partes… Un ciudadano del mundo». Subversivo hasta el final, lo que pretendía decir con ello era que pertenecía al mundo de las ideas, sin adherirse a ninguna entidad política artificial. Diógenes fue un hombre sin una identidad social estable, el paria y el exiliado por excelencia.

Tampoco se dejó impresionar por Alejandro Magno, el legendario conquistador. Según relata Plutarco, los políticos griegos y otros filósofos célebres le hicieron palmas a Alejandro tras anunciar que pensaba iniciar una campaña militar contra el reino de Persia; no así Diógenes. Por tanto, Alejandro fue a buscarlo para conversar con él y se lo encontró tomando el sol. Cuando el rey le preguntó al filósofo si deseaba algo, este alegó: «Sí, que dejes de taparme el sol». Por suerte, al guerrero le hizo gracia la ocurrencia, y dijo que, si no fuera Alejandro, le habría gustado ser Diógenes.

Se meaba en quienes le insultaban, defecaba en el anfiteatro y se masturbaba en público. Acerca de la indecencia de dicho acto, comentó: «Ojalá fuera tan fácil desterrar el hambre acariciándome la tripa».

A Diógenes le encantaba que lo llamaran perro. Después de todo, de acuerdo con su biógrafo Diógenes Laercio, se describía a sí mismo igual que un can: «Soy agradecido con quien me da algo, ladro a los que se niegan y les clavo los dientes a los rufianes».

Los que somos seguidores de Diógenes también nos comportamos como perros: comemos y hacemos el amor en público, caminamos descalzos y dormimos en bañeras y cruces de caminos.

No le interesaban las riquezas ni la posición social, y pensaba que la búsqueda de los placeres artificiales solo conducía a la melancolía. Sin embargo, es posible hallar placer en el hecho mismo de rechazar los placeres. Por ese motivo, Diógenes les pedía dinero a las estatuas, a fin de acostumbrarse al rechazo. Se revolcaba sobre la arena caliente en verano y abrazaba las estatuas heladas en invierno para endurecerse. Cuando se permitía un momento de relajación, únicamente buscaba los gozos más naturales y sencillos.

Su biógrafo dijo de él: «Cuando le preguntaron qué era lo más bello del mundo, respondió: "La libertad de expresión"».

Diógenes vivió y murió como un pirata, bajo sus condiciones. Se suicidó a los noventa años aguantando la respiración. (Puede que fuera así, o por comer pulpo en mal estado, o a causa de la mordedura de un perro, algo bastante irónico tratándose de Diógenes *el Perro*.) Se cuenta que dejó este mundo el mismo día que Alejandro Magno.

REGLA N.º 2

Hazlo tú mism@

(Si quieres lograr algún cambio, antes tienes que aprender cómo funcionan las cosas. Eso es algo que todo activista debería saber. Y las cosas se aprenden practicándolas. ¿Quién quiere vivir aislado en una torre de marfil? Inténtalo. Consíguelo. Fracasa. Adopta distintos roles, máscaras y personalidades. No esperes a que alguien te diga lo que se supone que tienes que hacer. Escoge por ti. Y hazlo tú mism@.)

La ética punk se basaba en el «hazlo tú mismo», y yo siempre he sido muy literal, sobre todo de joven. Cuando me dijeron que cualquiera podía hacer esto, pensé: «Cualquiera soy yo mismo».
MICHAEL STIPE

Ser GOBERNADO es ser observado, inspeccionado, espiado, dirigido, sometido a la ley, regulado, escriturado, adoctrinado, sermoneado, comprobado, estimado, clasificado por tamaño, censurado y ordenado por seres que no poseen los títulos, el conocimiento ni las virtudes apropiadas para ello.
PIERRE-JOSEPH PROUDHON, *La idea general de la revolución en el siglo XIX*

La anarquía es ley y libertad sin poder.
El despotismo es ley y poder sin libertad
La barbarie es poder sin libertad ni ley.
La república es poder con libertad y ley.

IMMANUEL KANT,
Antropología en sentido pragmático

Palabras

EL ESPÍRITU HAZLO TÚ MISM@

La cultura del Hazlo tú mism@ (HTM, o DYI en inglés) nos muestra las bondades de usar nuestras propias manos y mentes. Nos ayuda a conservar la cordura, pues nos libra del aislamiento, y nos enseña a vivir despiertos. Nos abre a una variedad infinita de posibilidades, como la del placer de la educación autodidacta. Nos dice que cada ser humano es un artista y nos aporta felicidad.

Nos aislamos cuando perdemos de vista el cuadro completo, cuando desconocemos los métodos del sistema pero seguimos ejecutando nuestras labores como autómatas. El espíritu HTM nos anima a lanzarnos a explorar, pues no hay nada en este mundo que supere nuestra capacidad de entendimiento. Sin embargo, sus principios no nos dicen que no haya que acudir a los expertos en todo momento. En ocasiones es necesario recurrir a alguien versado en un área particular, pero a través de este espíritu descubrimos que somos nosotros mismos, y no solo los expertos, quienes podemos resolver los problemas.

Desde que naciste has luchado por controlar tu vida cotidiana y obtener así la libertad. Pues bien: la filosofía del HTM nos recuerda que los acontecimientos más hermosos y definitorios de nuestra vida no siguen la lógica de las grandes instituciones. Como el amor, el trueno, el amanecer, el nacimiento y la muerte. El espíritu HTM es la descorporización de nuestra manera de percibir la realidad. Cuando descubres que eres dueño y señor del primero al último de tus segundos, te conviertes en un anarquista agitador de lo más peligroso.

Creamos Pussy Riot inspiradas por los fanzines punk de las riot grrrls.
¿Cómo es posible que una veinteañera rusa bajo el gobierno de Putin pudiera sentirse tan identificada con el movimiento estadounidense riot grrrl de los años noventa? Pues ni idea, pero eso fue lo que me pasó. Es una manifestación pura del poder del arte y sus misterios.
El arte crea conexiones y vínculos que no se basan en la sangre, la nacionalidad ni el territorio.

POLÍTICA BASURA

Hay quien cree que solo existe la comida basura, pero también hay música basura, películas basura y, sí, política basura.
La cultura basura nos ha convencido de que la mierda que nos mata tiene algo de gracioso y divertido. **La Coca-Cola, que se produce a partir de un polvo gris muy ácido y venenoso, y Trump, compuesto de intolerancia barata y odio puro, actúan siguiendo la misma lógica.** De acuerdo con esa lógica, millones de obreros empobrecidos de Estados Unidos siguen votando a la organización criminal más peligrosa de la historia: el Partido Republicano.
Para mí, reducir la basura al mínimo y aumentar la alegría y el entendimiento al máximo es una cuestión de honor. Llega un momento en el que dices: «A la mierda; nosotros podemos hacerlo mejor». Y ahí es donde pueden ayudarnos los principios de HTM, que nos hacen analizar, cuestionar y proponer alternativas. Empecemos desde cero.

Υ

En su libro *Our Revolution* [Nuestra revolución], Bernie Sanders cuenta una anécdota sobre algo que le sucedió de visita en Carolina del Sur. Estaba hablando con un joven negro que trabajaba en McDonald's, quien le dijo que «para él y sus amigos, la política no tenía la menor relevancia en sus vidas. No era nada que les preocupara ni de lo que hablasen siquiera». Como la mayoría de los estados republicanos, Carolina del Sur había rechazado la reforma del sistema sanitario impulsada por el Obamacare. La gente vive o muere sin acceso a la sanidad, pero siguen negándose a reconocer que su participación política está directamente relacionada con sus vidas (y muertes). Bernie escribe (de manera sencilla y genial): «Francamente, esa ausencia de conciencia política es justo lo que quiere la clase dirigente de este país. Los hermanos Koch gastan cientos de millones para que salgan elegidos los candidatos que representan a los ricos y poderosos». Los hermanos Koch y la mafia de Putin no quieren que sepas lo que pasa con el dinero que le roban al contribuyente —nosotros— a través de su influencia política, mediante subvenciones y otras prebendas. Es comprensible.

La calidad del debate político se ha convertido en basura. Ya no se puede encontrar nada útil. Todo resulta muy cómodo para los hermanos Koch y los amigos de Putin, quienes son libres de seguir trapicheando mientras nos distraemos con tonterías.

Las mismas tendencias políticas se extienden por todo el planeta como una enfermedad de transmisión sexual.

En Rusia no hay política real. Mi país es un territorio gobernado por matones que hacen lo que les da la gana. No les interesan los debates ni la opinión pública; saben que pueden fabricar una opinión pública conveniente siempre que quieran. En Rusia es muy fácil hacer encuestas de opinión: el gobierno escoge las cifras que quiere y las anuncia a través de los medios controlados por el Estado. Por eso no se puede esperar que haya debates de calidad. No se puede esperar, pero eso no quita para que no tratemos de reformar el discurso político por nuestros medios.

Recuerdo que pensaba que, en otros lugares donde había elecciones de verdad, todo debía de ser muy distinto a mi país y mucho más complicado, y que nunca sería capaz de comprenderlo. Me ponía nerviosa al hablar de política con, por ejemplo, los estudiantes estadounidenses. Todo eso cambió (para Estados Unidos y para mí) cuando llegó Trump. Él solito rebajó el nivel del discurso político y lo hizo a lo grande.

Antes les prestaba más atención a las cuestiones de Estados Unidos, pero desde que apareció Trump, se me han quitado las ganas. Me he vuelto perezosa. Ni siquiera creo que deba ver las noticias de Rusia todos los días, porque ya está todo muy claro: tenemos en el gobierno a unos matones egoístas que quieren que volvamos a vivir en un país autoritario, cosa que hacen para llenarse los bolsillos todo lo que puedan.

El fenómeno Trump simplificó las discusiones políticas hasta un punto criminal. El nivel de los debates presidenciales fue desolador. Practica lo que predicas, sé claro y coherente, no intentes engañarme (aunque lo parezca, no soy idiota), sirve al pueblo, sé transparente… o vete a la mierda. Si la gente te vota, eres propiedad pública; y si no te gusta, vete a la mierda otra vez y deja la política. O, como dijo Noam Chomsky: «Siempre he creído que la esencia del anarquismo es la convicción de que las autoridades deben ser sometidas a escrutinio, y que deben ser depuestas si no lo superan».

¿No es irónico y patético que tengan que ser los punks quienes les exijan un poco de formalidad y profesionalidad a los políticos?

Está claro que a la política le vendría bien contar con algo del espíritu HTM. En este ámbito, más espíritu HTM equivale a más democracia directa. Hay determinadas cuestiones que pueden y deben ser decididas por los propios ciudadanos.

LECCIONES DE REBELDÍA

En un momento dado, me dediqué a impartir clases magistrales de hurto en Moscú.

En los supermercados es mejor actuar por parejas. Pones la comida que quieras en un carrito, buscas una zona discreta del local y te la escondes bajo la ropa. Los productos caros y compactos como la carne y el queso son más fáciles de ocultar en la espalda o en el estómago, asegurándolos con el cinturón. Luego coges una barra de pan o un paquete de copos de avena, te vas a la caja y pagas el pan o la avena.

Cuando salgas del supermercado y dobles la esquina, guarda el botín en tu mochila. Antes de ir a la próxima tienda, deberás poner a buen recaudo todos los artículos que hayas robado, ya que si te pillan y te detienen, añadirán el valor de esos productos a los cargos que te imputen.

LA SEÑORA SIMPLICIDAD: ARTE DE BAJO COSTE

En el arte aspiro a la simplicidad, la pureza y el minimalismo formal. Me gusta considerar este enfoque del arte como el arte de vivir con sencillez.

Se está produciendo un exceso de arte demasiado pulido. El mercado del arte cae en la sobreproducción de las obras a causa de los temores de los propios artistas, que suelen ser muy sencillos: ¿qué pasa si no vendo lo suficiente?

Se me rompe el corazón cuando veo a artistas jóvenes dejándose la piel por sobreproducir aun cuando están fuera del mercado. Al diluir sus propias obras, se castran a sí mismos. El mercado que domina el arte los obliga a comenzar sus carreras con el dinero pendiendo sobre sus cabezas como una espada de Damocles. Se dedican a pensar en cómo chupar más pasta en lugar de sobre el mismo arte: las sombras, los sonidos y los colores.

Esos chicos se gastan miles de dólares en equipos que no necesitan. Entiendo que Sony o Time-Warner deban usar una cámara Red con iluminación profesional, ya que la industria del entretenimiento no deja de ser una industria, como una fábrica de producción en masa de arte rápido. Si quieres hacer una hamburguesa de mierda para McDonald's, te hace falta una fábrica; para producir una obra de arte de mierda, necesitas instalaciones caras y gigantescas. Por eso entiendo que Sony necesite el CGI, pero no entiendo que yo u otros artistas ajenos a las grandes empresas tengamos que copiar la estética corporativa.

Sin embargo, cada vez veo a más recién llegados que copian esa estética mortalmente mecánica y sobreproducida en lugar de crear su propio estilo. Si crees que necesitas miles de dólares para hacer un videoclip, es porque te han tomado el pelo. Lo que cuenta es el concepto, la visión, el sentimiento y la integridad, con pasta o sin ella.

Lo que importa es la idea, el talento, la pasión, el valor y la sinceridad radical sin oropeles ni efectos especiales. Con cero gastos innecesarios o equipos costosos. El arte exige cantidades brutales de concentración y disciplina, y eres tú quien está al mando, porque nadie debe decirte lo que debes hacer. No hay cinturones de seguridad. No hay seguros ni garantías. Pero es ahí donde surge lo bueno, y donde me gusta estar.

¡ACTIVISMO MONETARIO!

1. **Vota con tu dinero.** Cada vez que pagas por algo, votas para que siga existiendo en nuestro mundo. La adquisición de un objeto es un mensaje al mercado, por el que se reafirma el producto, su impacto ambiental y su modo de producción. El dinero es poder y conlleva una responsabilidad. Si empezamos a gastar de otra manera, podremos cambiar el mundo.
2. **Vive por debajo de tus posibilidades.** Subsistir con menos de lo que ganas te aporta una sensación de seguridad muy placentera. Y además, demuestra que no eres un consumista insaciable.
3. **Evita las deudas.** Ten cuidado con las tarjetas. Los bancos casi siempre están dispuestos a ofrecernos créditos, porque es su manera de encadenarnos. Ojito con las deudas.
4. **El experimento económico de 30 días.** Apunta todos tus gastos durante un mes y repártelos en categorías: alquiler, alimentación, electricidad, vino, cafeterías, comidas, etcétera. Luego multiplica el importe de cada categoría por doce para hacerte una idea de su coste anual.

Te darás cuenta de que las pequeñeces terminan sumando una cantidad importante a lo largo de todo un año, lo que significa que los pequeños cambios en los hábitos de consumo pueden llevarnos a un gran ahorro.

5. **Piensa en lo que gastas.** Si gastases menos o de forma más consciente, a lo mejor no tendrías que trabajar tanto. Muchas personas están atadas a empleos de cuarenta horas semanales, aunque preferirían trabajar menos con un sueldo más bajo, una situación que los empuja al consumismo extremo. En los Países Bajos existe una ley que permite que los trabajadores reduzcan su jornada solo con pedirlo, y sus jefes están obligados a aceptarlo a menos que exista una razón de peso para no hacerlo (lo que ocurre en menos del cinco por ciento de los casos). Al proteger el empleo a tiempo parcial, los Países Bajos cuentan con el porcentaje más alto de trabajadores a tiempo parcial de mundo.

(Texto adaptado de Samuel Alexander, Ted Trainer y Simon Ussher, *The Simpler Way. A Practical Action Plan for Living More on Less* [La vía de la simplicidad. Acciones prácticas para vivir más con menos])

Hechos

MUERTE AL SEXISTA

La creación de Pussy Riot fue un producto de la casualidad. Una vez, a mi amiga Kat y a mí nos pidieron que diéramos una charla sobre el punk feminista en Rusia, pero cuando nos pusimos a prepararla la noche antes, nos dimos cuenta de que el feminismo punk ruso no existía. Había feminismo y había punk, pero no había feminismo punk. **A menos de un día para la charla, solo había una solución posible: inventarnos el feminismo punk para tener algo de lo que hablar.**

Nuestra primera canción fue *Kill the Sexist*, escrita en octubre de 2011.

MUERTE AL SEXISTA

Estás harta de calcetines apestosos,
los calcetines apestosos de papá.
Te hartarás de los calcetines apestosos,
los calcetines apestosos de tu esposo.
Tu mamá nada en calcetines apestosos,
platos sucios y kilos de mugre.
Mamá friega el suelo como pollo sin cabeza.
Mamá vive en una cárcel.
Pasa sus días limpiando el váter.
En la cárcel no hay libertad.
Vidas de mierda, dominación masculina:
¡sal y libérate, mujer!
Lavaos vuestros putos calcetines
y no os olvidéis de rascaros el culo.
Podéis dar el asco que queráis.
Nosotras seremos lesbianas felices.
Venga, cabrones, envidiad el pene vosotros mismos.
Tened envidia del pene de vuestros amigotes
y de los pollones de las pelis porno
hasta que os llegue la mierda a los ojos.
Hazte feminista, sé feminista.
Paz al mundo y muerte al machista.
Sé feminista, destruye al sexista.
¡Muerte al sexista, acaba con su estirpe!
Sé feminista, destruye al sexista.
¡Muerte al sexista, acaba con su estirpe!

Como no teníamos instrumentos, sampleamos una parte de una canción inglesa de punk oi! y la reprodujimos en bucle. Para grabar las voces, cogimos un dictáfono y nos encerramos en el cuarto de baño. Luego salimos a la calle para juntarlo todo. Era una noche de otoño, a las tres de la madrugada, y llovía. Nos refugiamos en la casita de juegos de un parque, encorvadas bajo el techo. En un banco cercano se sentaban unos yonquis.

En ese momento, las frases «Estás harta de calcetines apestosos… Nosotras seremos lesbianas felices» surgieron de la casita.

Entonces, algunos de los yonquis pegaron la nariz contra las ventanas, y uno nos preguntó:

—¿Qué os habéis metido, tías? Nosotros también vamos puestos, pero no tanto como vosotras. ¿Nos dais un poco?

—Fuera de aquí, estamos ocupadas.

Empezamos Pussy Riot ensayando en el sótano de una iglesia moscovita. Fue en el otoño de 2011. Pero estaban de obras. Queríamos grabar un disco, pero nos hallábamos rodeadas de albañiles trabajando armados con taladros.

Ensayamos una actuación a fondo y durante mucho tiempo. A diferencia de los grupos de punk que tocaban en los locales, nosotras teníamos que encargarnos de la música y de montar y desmontar el equipo lo más rápido posible. No solo practicábamos las canciones, también aprendíamos a seguir tocando y cantando a la vez que los guardas o policías nos tiraban de las piernas para desalojarnos.

El tiempo pasó y las obras del sótano de la iglesia terminaron. Entonces, los dueños decidieron alquilarlo a un comercio y acabamos de patitas en la calle. Así pues, empezamos a ensayar en un paso inferior del que siempre nos estaban echando.

Sin embargo, al cabo de un par de meses, llegó el

crudo invierno y ensayar al aire libre dejó de ser una opción, de modo que nos instalamos en una fábrica de neumáticos que estaba abandonada. Fuimos allí durante todas las vacaciones de Año Nuevo, a partir del 1 de enero de 2012, mientras el país dormía la resaca y los parlamentarios tomaban el sol en Miami. Los seguratas de la fábrica siempre nos hacían la misma pregunta:

—¿Por qué no os quedáis en casa, chicas?

—¿Quedarnos en casa? ¿Para qué? —respondía Kat, sorprendida.

—Para hacer sopa y pasteles.

Tras un par de lecciones sobre feminismo, los guardas optaron por dejar de hablarnos y se limitaban a franquearnos el paso en silencio. Justo lo que queríamos.

En aquellos tiempos, los periodistas se sentían un poco intimidados ante nosotras. «No es fácil dar con las Pussy Riot. Las cantantes no dan su número de teléfono y siempre están cambiando de local de ensayo. Al final logré contactar con ellas a través de Internet y acordamos reunirnos en las cercanías de una estación de metro. A la hora señalada, me abordó un joven alto que no quiso identificarse y me indicó con un gesto que lo siguiera. A los pocos instantes, cruzamos un callejón y bajamos hasta un sótano en ruinas. Una única lámpara iluminaba la estancia, bajo la cual se sentaban dos chicas enmascaradas con medias de colores y vestiditos cortos.»

¿Cuánto cuesta organizar un concierto de Pussy Riot? Nada. El equipo (micros, cables, ampli, guitarra) nos lo presta una colega punki; los vestidos, las medias y los gorros, nuestras amigas con gustos coloristas. Les pedimos a amigos periodistas que hagan las fotos y graben los vídeos que luego montamos nosotras mismas con un programa pirateado de edición. Las dietas equivalen a una barra de pan y una botella de agua. Siempre es recomendable llevar esas raciones encima por si tienes que pasar la noche en el calabozo después de un concierto.

Conseguíamos unos altavoces de coche potentes por cuatro perras y los forrábamos de papel de aluminio.

Alimentábamos los altavoces con baterías de motor. Una vez, de camino a un concierto, noté que me caía algo por la espalda y olí a quemado. Resulta que mi mochila se estaba derritiendo. La batería chorreaba un ácido que fundió la base de plástico. Sin embargo, no podía hacer nada al respecto, ya que no iba a tirar la batería, así que seguí adelante mientras el líquido me caía por las bragas.

No tardé en descubrir que, si me ponía una máscara, me sentía un poco más heroica, y puede que un poco más poderosa. Muy valiente, como si pudiera lograr todo lo que me propusiera, y cambiar las cosas. Jugábamos a ser superheroínas, como Batwoman o Superwoman, dispuestas a salvar al país de los malos, pero nos partíamos de risa al vernos: tapándonos la cara con un gorro que olía a pis de gato, con una guitarra rota y una batería casera que rezumaba ácido como todo el equipo de sonido.

Sin embargo, cuando me puse el pasamontañas antes de ese primer y maravilloso concierto, supe que aquello podía ser la felicidad, entre otras cosas. A partir de determinado momento, empiezas a disfrutarlo.

**CONSEJOS BÁSICOS PARA FORMAR
UN GRUPO DE PUNK FEMINISTA**

El artista, igual que el filósofo, es un yonqui del pensamiento crítico. Y (se supone que) sabe transformar los resultados de sus análisis en formas culturales.

Hay quien se siente inspirado por las mismas cosas de Pussy Riot que irritan a otros: la inmediatez, la sinceridad y el amateurismo desprejuiciado. ¿Te parece que nuestra música es una mierda? Pues sí, tienes razón. Nos adherimos al concepto de la mala música de forma consciente, con letras cutres y rimas de pena. No todas tenemos estudios musicales, y la calidad de la interpretación nunca ha sido nuestra prioridad. La esencia del punk ha de ser una explosión, una descarga creativa brutal que no requiere de ninguna técnica en particular.

¿Y los colorines? Por un motivo muy sencillo: no queríamos que nos tomaran por terroristas con pasamontañas negros. **No queríamos asustar a la gente; queríamos hacer algo divertido, así que nos vestimos como payasas.**

Héroes

D. A. PRIGOV

Yo suelo decir que D. A. Prigov es el padrino de Pussy Riot. O, más bien, su hada madrina. A Prigov no le quitaban el sueño las definiciones. Y también lo contrario: le gustaban las definiciones, pero solo para jugar con ellas.

Cuando alguien lo llamaba pintor, D. A. Prigov decía: «No, no, no, ¡soy poeta!». Cuando lo llamaban poeta, respondía: «Te han informado mal. ¡Yo soy escultor!». Y si se referían a él como escultor, aseguraba ser músico. De hecho, en un momento dado fundó una banda con el único propósito de huir de sus definiciones anteriores. Así creó un falso grupo contemporáneo a las Pussy Riot llamado Central Russian Upland (cuando empezamos a actuar por la calle de forma ilegal, nos hicieron el gran favor de prestarnos su micro). Además hacía *performance*, escribía ensayo, ficción y artículos políticos y se dedicaba al videoarte. También participó como actor en varias películas.

D. A. Prigov se creó a sí mismo como proyecto de arte conceptual. Era concienzudo y original en toda empresa que acometía. Su vida entera era su proyecto, como una especie de HTM integral. Hace falta mucho autocontrol y autoconocimiento para diseñar tu vida como un proyecto artístico, pero él lo hizo. La cultura HTM no trata de ponernos las cosas fáciles, sino todo lo contrario: supone exigirse muchísimo a uno mismo. Como diría Prigov: «Sigue tus propios axiomas en todo momento».

A comienzos de los años noventa, se propuso escribir 24.000 poemas antes del año 2000, lo que equivalía a un poema para cada mes de los siguientes dos mil años. Pues bien: Prigov calculó cuántos poemas debía escribir al día y se atuvo al programa religiosamente. No se saltó ni un solo día. ¿Y sabes qué? Lo hizo de puta madre. Por eso mismo debemos seguir nuestros propios axiomas en todo momento.

Nadie llamaba a Dimitri Alexándrovich Prigov saltándose su segundo nombre. Siempre insistía en que se usara su nombre completo. Trataba toda su vida como un proyecto artístico: el proyecto Dimitri Alexándrovich Prigov.

Cuando yo tenía catorce años, D. A. Prigov vino a mi ciudad a dar una conferencia en el marco de un festival donde se exponían sus obras. Por ejemplo, había un vídeo en el que hablaba con un gato e intentaba que el animal dijera «RUSIA». Si quieres saber cómo lo interpreté yo, se trataba de una crítica brillante del excepcionalismo e imperialismo ruso que todo lo invade. En este país, la «cocina nacionalista rusa», como la llamamos aquí, funciona a plena marcha.

También se exhibía otro vídeo: «Un policía y el pueblo moldeando el nuevo rostro de Rusia». En él se podía ver a un policía y un hombre medio desnudo amasando pan. Se grabó durante la primera legislatura de Putin, cuando este trataba de descubrir cómo manejar todo el poder que había adquirido de repente. Putin y su círculo se dedicaban a probar distintos rostros para la nueva Rusia, pero sin duda los más fáciles de mantener eran el retorno al imperialismo, al Estado policial de la Guerra Fría o al neosovietismo.

Durante aquella conferencia que dio en mi ciudad, Prigov leyó un texto de Pushkin. Pese a que el insigne poeta detestaba ser utilizado por el aparato represor del Estado, desde los tiempos de la Unión Soviética y bajo el gobierno de Putin siempre ha sido alabado como la mayor luminaria de la lírica rusa: su mismísimo sol. Como es natural, cuando oyes esas cosas sobre el sol y demás zarandajas, te entran unas ganas enormes de vomitar, sobre todo si te has hartado a estudiarlas en el colegio. Sin embargo, cuando Prigov comenzó a recitar el poema, costaba reconocer en él la dulce voz de Pushkin, pues lo declamaba cual si fuera un mantra budista, un cántico chino, una oración musulmana y una liturgia ortodoxa; cantando y gritando como una extraña criatura mágica. Aquel era un Pushkin totalmente nuevo.

Conocí a D. A. Prigov en persona al cabo de unos años, cuando él tenía sesenta y cuatro y yo diecisiete. Fue un gran momento para mí. Quería aprender de él, fregarle el suelo, lo que fuera por estar a su lado. Así pues, le pedí consejo. Su respuesta: «No vivas en la mentira». Más adelante, mientras leía poesía disidente en la cárcel, descubrí que aquellas palabras no eran suyas, sino de

Václav Havel, pero eso no lo sabía con diecisiete años. Entonces, me emocionó tanto que Prigov me hubiera dicho «No vivas en la mentira», que me emborraché al instante y me puse a leer el Apocalipsis en voz alta hasta que caí rendida sobre la nieve.

Seis meses después, acordamos llevar a cabo una *performance* juntos. El plan era que otros artistas y yo llevásemos en hombros a Prigov, quien iría sentado sobre una plataforma leyendo sus poemas hasta el piso veinte de un edificio. Íbamos a subirlo por las escaleras con el sudor de nuestra frente: puro HTM en acción. Lo que pretendíamos decir con ello era que el artista no debía quedarse tirado en el sofá, sino trabajar más que nadie, sin excluir las tareas físicas más duras. D. A. Prigov escribió un texto profético y fantástico al respecto, acerca de una nueva generación de artistas que lo ascendería a los cielos, y entonces murió. De camino a la *performance*. De un ataque al corazón.

REGLA N.º 3

Recupera la alegría

> Sonríe como acto de resistencia. Sonríe y manda a la mierda al mismo tiempo. Ríete en la cara de tus carceleros. Seduce a tu verdugo con tus creencias. Convierte a los funcionarios de prisiones en tus amigos. Gánate los corazones de quienes apoyan a los malos. Convence a la policía de que debería estar de tu parte. Cuando el ejército se niega a fusilar a los manifestantes, triunfa la revolución.

Viviremos entre Amor y Risas
nosotros, que ahora valemos tan poco
sin lamentar el precio que hayamos de pagar.
>   Ralph Chaplin, «Commonwealth of Toil», *For The Wobblies, Industrial Workers of The World*, 1918 [«La Commonwealth del esfuerzo», en *Para los wobblies, trabajadores industriales del mundo*]

Nada vale más que la risa. Es fuerza reír y abandonarse, ser ligero. La tragedia es lo más ridículo que tiene el hombre.
>   Frida Kahlo

Palabras

VIVIREMOS ENTRE AMOR Y RISAS

Este capítulo está dedicado a todos los placeres que existen, tanto terrenales como espirituales. La alegría es mi auténtico capital, pues la llevo dentro y no se guarda en los bancos. Lo que me da alegría es mi arte, el cabaret político bárbaro y primitivo. Puede que no parezca muy divertido, pero es lo que me hace feliz. También fui feliz en la cárcel, brevemente y en secreto. Puedo hallar la alegría en cualquier parte, por lo que nunca veo el vaso medio vacío.

Es fácil distinguir a tus torturadores cuando estás en la cárcel, más que cuando vives cómodamente en libertad. No obstante, los torturadores están por todas partes. Son quienes presiden un sistema que entierra a los estudiantes en trillones de deudas y ofrece ventajas fiscales a los millonarios. Venden el terreno público al mejor postor y explotan las reservas naturales. Se aseguran de que el uno por ciento siga siendo rico y el noventa y nueve restante relativamente pobre. Inician guerras y convierten las ciudades en desiertos. Ya sabes, la política.

Denuncia a los poderosos y regocíjate cuando caigan. Resiste y sonríe con convicción.

En contra de la creencia popular, la lucha política no es aburrida. No es algo que haya que hacer con cara de perro durante cinco minutos a la semana para dejarlo atrás lo antes posible. No es como cepillarte los dientes, una actividad necesaria pero molesta.

La gente cree que realizamos actos políticos del mismo modo que ellos van a trabajar, tras lo que descansan y comienza su verdadera vida. En realidad, no podría ser más distinto, pero hay que ser capaz de apreciar la inconmensurable alegría que se obtiene uniendo fuerzas en un frente común. De hecho, a veces me preocupo un poco a mí misma, porque temo ser una adicta a ese sentimiento de comunidad. Soy una yonqui del activismo.

DADÁ

El dadá es la manifestación gozosa de la absurda melancolía política. «El absurdo no me produce ningún terror —dijo el filósofo dadaísta Tristan Tzara en su conferencia sobre el dadaísmo—, puesto que, desde mi perspectiva exaltada de la vida, todo me parece absurdo.»

Los dadaístas vivieron en tiempos extraños: durante el periodo de entreguerras. La Primera Guerra Mundial acababa de concluir. El mundo occidental estaba obsesionado con el progreso desde la llegada de la Revolución Industrial. El progreso había reemplazado a Dios. Sin embargo, tras la Gran Guerra, todo se volvió muy confuso. La gente trabajaba dieciséis horas al día, los niños se dejaban los ojos y las manos en fábricas venenosas, todo por producir más armas con las que matarse unos a otros. No era un buen momento y muchas personas se sintieron engañadas.

Los artistas que fundaron el movimiento dadaísta sentían una gran repulsa hacia el comportamiento filisteo y la idolatría a la mecánica y el progreso. Fue una época turbulenta, peligrosa y compleja, entre la Primera Guerra Mundial y el ascenso de Hitler en Alemania. Sabían que algo se gestaba en el horizonte.

El verdadero arte es ese sueño oscuro y confuso del que ni siquiera puedes hablar con tu psicoanalista. El dadaísmo confeccionó una ensalada de la conciencia pública a través de sus *collages*, su arte encontrado y sus representaciones.

No se trata solo de una cuestión política. Siempre es algo más que política, sobre todo en lo que al arte respecta. El dadaísmo también versaba sobre la nueva física compleja. Era una reacción al fracaso total del viejo modelo newtoniano.

Newton había descrito una visión idealizada del mundo, que se quedaba corta a la hora de resolver una serie de problemas crecientes acerca de la naturaleza de la realidad. Más concretamente, existía la duda sobre si la luz era onda o partícula. La gente estaba confusa. Al final, resultó que la luz podía ser tanto onda como partícula. ¡Sorpresa! La nueva revelación de que el átomo no era la unidad mínima del universo ni su componente más básico hizo su entrada en escena. Con el tiempo, todos esos descubrimientos terminarían dando paso a la mecánica cuántica, la teoría de cuerdas y demás avances.

Los dadaístas rechazaban la realidad y la lógica de la sociedad supermodernista. La vida se venía abajo ante sus ojos, así que se lanzaron a los brazos del absurdo y el disparate, creando alegres *collages*, instalaciones de sonido, esculturas y otras obras de arte.

Se dice que Lenin frecuentó el Cabaret Voltaire de Zúrich (cuna de los fundadores del dadaísmo) mientras gestaba sus planes revolucionarios para Rusia. Se supone que vivía en un apartamento cercano y se dejaba caer de vez en cuando para jugar al ajedrez.

¿Qué tiene el dadaísmo de emocionante? La valentía artística, la libertad, la introducción de nuevas técnicas no solo para hacer arte, sino posiblemente para pensar en el mundo también. Hace unos años se le dio mucho bombo al posmodernismo literario, o hipertexto, y a la idea de «la muerte del autor» de Roland Barthes, pero creo que los dadaístas ya habían proclamado dicho método tiempo atrás, como precursores del conceptualismo temprano.

Los dadaístas empleaban tijeras y pegamento en lugar de pinturas y pinceles para expresar sus ideas acerca de la vida moderna con imágenes que presentaban a los medios. La técnica del *collag*e dadá me parece preciosa, subversiva, juguetona, seductora y coqueta. Se basa en la recopilación de objetos encontrados y puede afirmar que se limita a reflejar la realidad. Sin embargo, como suele suceder durante todo proceso de colección o clasificación, los metadatos (una serie de datos que describen otros datos) nos aportan mucha más información sobre las intenciones y los estados de ánimo de quien los recoge que los mismos datos.

Adoro las clasificaciones artísticas de la realidad, ya que sus niveles de locura y absurdidad evidencian el simple hecho de que todo proceso de ordenación está sesgado desde su mismo principio. El *collage*, como tentativa artística de clasificación aleatoria de la realidad, nos ayuda a no normalizar y aceptar por dogma otra clase de clasificaciones estúpidas, como las del «comportamiento masculino y femenino», el «mundo libre y el que no lo es», o la «cultura» frente a la «incultura».

La técnica *cut-up* o de recortes es como un *collage* con palabras en vez de con imágenes. Las Pussy Riot la hemos usado bastante. Cuando decidimos montar una banda, nos echaba para atrás la idea de tener que escribir poesía (no nos fiábamos de ella porque veníamos del arte conceptual), pero no había más remedio que poner letra a las canciones. Al final, acabamos componiendo nuestros textos a partir de citas de nuestros filósofos favoritos y de titulares de prensa.

Tristan Tzara describe la técnica de recortes en *Dadá, manifiesto sobre el amor débil y el amor amargo* (1920):

PARA HACER UN POEMA DADAÍSTA

Tomad un periódico.
Tomad unas tijeras.
Elegid en el periódico un artículo que tenga la longitud que queráis dar a vuestro poema.
Recortad el artículo.
Recortad con cuidado cada palabra de las que forman el artículo y ponedlas en un saquito.
Agitadlo suavemente.
Sacad las palabras una detrás de otra,
colocándolas en el orden en que salgan.
Copiadlas concienzudamente.
El poema se parecerá a vosotros.

Ya os habéis convertido en escritores infinitamente originales y dotados de una sensibilidad encantadora, aunque incomprendida por el vulgo.

Cuando la vida estaba patas arriba, esos recortes fueron una de las respuestas a la enajenación y la desesperanza. Como propuso Hugo Ball en su manifiesto de 1916: «¿Cómo se puede desmontar todo lo escurridizo y lo periodístico, todo lo agradable y lo pulcro, todo lo moralizado, embrutecido, afectado? Diciendo dadá».

Hechos

¿De qué van las Pussy Riot? ¿Por qué no dejamos de cambiar de métodos y medios? Conciertos ilegales, libros y artículos, discursos, dibujos, carteles, videoclips… No es más que una diversificación de la protesta artística activa. El artista no siempre da en el clavo, pero tiene los oídos bien abiertos en todo momento. Estoy dispuesta a experimentar con cada medio nuevo y fracasar de manera inevitable, siendo una aficionada, una artista de pega, una música farsante y una mala actriz.

—Tú y yo compartimos la misma etiqueta de artistas antisistema —me dijo una vez el artista y activista Ai Weiwei.

—Y otra más: la de farsantes —añadí.

—¡Eso es! —se emocionó él—. Antisistema y farsantes.

Pussy Riot es un colectivo de artistas conceptuales, por lo que nos sentimos más libres para crear nuestras canciones que la mayoría. De acuerdo con una creencia asentada entre los músicos, lo más importante es atenerse a un género concreto. Yo no lo creo. Antes de cada nueva grabación, siempre me preguntan qué es lo que quiero. «Quiero hacer algo que no haya hecho nunca», les respondo. Hoy podemos tocar una canción inspirada en las Chordettes, mañana hard-rock y pasado mañana una balada clásica de piano. Cada canción debería ser tan distinta de las demás que nadie creyera que pertenecen al mismo artista. Esa es la clase de libertad que te da el arte conceptual, cuando lo que menos te preocupa es el medio que utilizas. La cuestión de si puedes o no puedes hacer algo deja de tener importancia. Si quieres, puedes, y esa libertad absoluta es una fuente de felicidad.

SI LA JUVENTUD SE UNIERA

Sin embargo, no hay mayor gozo que ver que tu voz y tu fuerza se amplifican y crecen hasta convertirse en algo más grande. Las matemáticas de los movimientos populares son extrañas, fantásticas y complejas: 1 voz + 1 voz + 1 voz pueden equivaler a 3 voces, pero 1 voz + 1 voz + 1 voz también pueden equivaler a un nuevo paradigma cultural y social. Sucedió durante los años sesenta, y sucedió con el movimiento Ocupa Wall Street.

Algunas veces me sumo en una depresión activista. Lo único que me ayuda a salir de ese pozo de inseguridad es remangarme y llevar a cabo una acción. Cuando eres responsable de algo, te centras y concentras tus esfuerzos en ello. Tienes trabajo que hacer. Lo has prometido. La gente cuenta contigo. Te has comprometido. Pasas de ser una rana a un apuesto príncipe, de medusa a guerrero. Cuando te subes a un tejado cargada de instrumentos para tocar la canción *Putin Has Pissed Himself* [Putin se ha meado encima], ya no tienes tiempo para calentarte la cabeza. Piensas en el público, en la guitarra, e intentas calcular cuántos minutos faltan hasta que llegue la policía. Es una sensación maravillosa e incomparable: un orgasmo puro y divino, un momento de claridad sobrenatural, o clarividencia incluso.

Si hay algo que he aprendido de las personas que peor lo han pasado en la vida —los presos, los enfermos, los pobres—, es que suelen comprender mejor y más rápido el valor de la alegría que aquellos que viven en la «prosperidad». La vida se acaba, así que, ¿por qué no eliminar la pena y la tristeza de las horas y los minutos que nos queden? Por mi parte, recuerdo que a mí me vino de perlas durante mi estancia en la cárcel.

Ahora, mis amigos me dicen: «Eres igual que una pobre niña indefensa que no deja de lloriquear sobre su fobia al teléfono. ¿Cómo pudiste sobrevivir en prisión?». Pues es muy fácil. En primer lugar, en la cárcel no existe la opción de ser una niña indefensa. El peligro es real: luchas por la supervivencia. Luchas por tu vida con una sonrisa en la cara. Recuperas la alegría o mueres. Puede que mueras físicamente o que te entierre tu propia apatía. Te lo dices con todas las letras: «De acuerdo, mi gobierno quiere arrebatarme estos años, ¿qué es lo que puedo hacer?». La vida humana es bastante corta, y pronto entendí —más o menos a los catorce años— que no deseaba limitarme a sobrevivir, sino vivir de verdad. En palabras de Erich Fromm, prefiero ser a tener.

Así pues, me comprometí a tener una vida plena aun estando encarcelada. Ese era mi trabajo a tiempo completo, aunque no resultara fácil. Obtuve más de esos dos años de prisión de lo que habría obtenido en libertad. Hay que aprender más, sentir más y actuar más. Marcar la diferencia a lo grande. Tú decides; si quieres vivir con intensidad, inunda tu vida de pasión y hermosos detalles, o no lo hagas.

No mentiría si dijera que tuve las revelaciones más importantes sobre mi conciencia, la cultura moderna, las relaciones y las jerarquías de poder sentada en mi celda a la espera de juicio. También descubrí muchas cosas sobre mi cuerpo haciendo un montón de flexiones y estiramientos. No sabía qué me depararía el mañana. Me enfrentaba a una pena de siete años en un campo de prisioneros. Y así, viví cada día como si fuera el último. Sentí cada minuto de mi vida. Cada comida, cada cuenco de gachas, cada pedazo de pan. Era consciente de los procesos que tenían lugar en mi mente y en mi cuerpo, y me esforzaba por equilibrarme. Me juré a mí misma que sería una guerrera feliz.

Aprendí a ser reflexiva y a prestar atención. Logré ver el verde de las hojas un total de media hora a lo largo de todo el verano. Podía disfrutar de la luz del sol tras las rejas de la cárcel durante diez minutos varias veces por semana. Cada vez que tenía la oportunidad de tomar el sol, la aprovechaba religiosamente. En alguna ocasión vislumbré alguna gota de lluvia y lloré de felicidad ante su resplandeciente belleza.

Las luces blancas y azuladas de las celdas estaban siempre encendidas. De noche también, ya que los guardias debían ver a los prisioneros, y estos no debían olvidar nunca que los vigilaban. Una vez a la semana llegaba el turno de una guardia amistosa que nos permitía apagar las lámparas de nuestras celdas en secreto. Se trataba de un acto inesperado de solidaridad por el que nos sentíamos infinitamente agradecidas. Mirábamos por la ventana y contemplábamos el resto de la cárcel iluminada; éramos las únicas que disfrutaban del lujo de la oscuridad. Nunca en toda mi vida he sido tan feliz como en esos momentos. Aquel constituía un privilegio más grande que el mayor de los privilegios terrenales. Así pues, me quedaba sentada en mi celda con las luces apagadas, celebrando la puesta de sol sin la blanca crudeza de las bombillas, admirando la clara palidez de las tardes de verano en Moscú. No movíamos ni un músculo, ni nos atrevíamos a pronunciar palabra alguna. No queríamos interferir en aquella magia apabullante. Preferíamos paladear el ocaso y la sutileza de sus semitonos.

Todos los sistemas de poder se basan en el supuesto (que pretende hacerse pasar por axioma) de que debemos pagar u obedecer a cambio de las bondades que recibimos. Por lo tanto, el mayor acto de subversión que existe es encontrar placer en el rechazo a pagar y obedecer, viviendo de acuerdo con una serie de valores radicalmente distintos a la norma. No es un acto de privación o austeridad, no es un voto, es una elección que demuestra que la alegría trasciende cualquier límite. Y eso es lo que hay que hacer, la manera de atraer la atención de los demás sobre nuestros actos. Además, ¿quién podría emocionarse nunca ante la política de la austeridad?

Recupera la alegría del acto de resistencia. Por alguna extraña razón, el activismo político y la diversión han estado separados durante décadas. Ello se debe a la profesionalización de la política. Creo que hemos perdido la conexión entre nuestra existencia, lo que nos toca de forma personal, y la política. Fijémonos en cómo eran las cosas en los años sesenta: antes sí sabíamos combinar el núcleo de nuestra existencia humana con la política. Es posible que ese fuera el motivo de que los políticos radicales lograran cambiar tanto la estructura política de aquel momento: esos maravillosos, valientes y hermosos seres humanos sabían vivir con pasión, y trataban el activismo como la más excitante y placentera aventura amorosa de sus vidas.

Nada puede cambiar si preferimos quedarnos sentados y quejarnos de que la política es aburrida, por lo que renunciamos a ella. Somos nosotros quienes tenemos la responsabilidad de reformar la política. Asumámosla. Devolvámosla a las calles, las discotecas, los bares, los parques. Nuestra fiesta no ha terminado todavía.

Héroes

1968

¿Puede ser heroico un periodo histórico? Estoy absolutamente convencida de que sí. En 1968 había algo en el aire que empujaba a las personas a emplear su imaginación para descubrir nuevas formas de revolución. Pensar en ese año me pone la piel de gallina. En aquel entonces, la gente sabía soñar acerca de la justicia social, la paz y la igualdad de oportunidades. Surgieron coaliciones de trabajadores y movimientos por los derechos civiles en Rusia, Francia, Japón, Egipto, Checoslovaquia y Estados Unidos. Las palabras y los hechos se unieron de maneras nuevas y originales.

El mundo actual está fuertemente influido por los acontecimientos que se produjeron en 1968.

PARÍS, MAYO DEL 68

Ese fue el año en el que todo el mundo se dio cuenta de que había llegado el momento de rebelarse contra el arcaico orden conservador. Sentían que la estética dominante, el régimen político y los códigos culturales oficiales habían dejado de representarles.

Quien presidía Francia por aquel entonces era Charles de Gaulle, uno de esos líderes paternalistas y patriarcales. Las mujeres no podían ir con pantalones a trabajar. Las casadas debían obtener el permiso de sus maridos para abrir una cuenta bancaria. El aborto era ilegal. La homosexualidad se consideraba un delito. Los trabajadores carecían de derechos y eran despedidos si se quejaban. El sistema educativo era rígido e inmovilista. Solo había una cadena de televisión en el país y toda la información estaba sujeta a la censura del gobierno.

A los jóvenes de la generación del Baby Boom no les bastaba con creer en la utopía o en que otro mundo era posible. Lo que querían era experimentar esa utopía, vivir en ella.

Todo comenzó como una serie de protestas y sentadas por parte de los estudiantes. Sus objetivos estaban formados por una constelación poliédrica de anticonsumismo, anarquismo, movimientos proimaginación... Entonces ocuparon la Sorbona y la declararon «la universidad del pueblo».

A los estudiantes se unieron los trabajadores que organizaron huelgas espontáneas por todo el mapa económico de Francia. Participaron hasta once millones de trabajadores, una cifra muy elevada que representaba alrededor de un cuarto de la población del país en aquella época. Fue la mayor huelga de la historia gala, y se alargó durante dos semanas.

En una huelga espontánea, los trabajadores abandonan sus puestos sin previo aviso, muchas veces sin la autorización o el apoyo de los sindicatos, por lo que no eran actos oficiales. (Por cierto, en inglés se llaman *wildcat strike actions*, lo que vendría a significar «huelgas a lo gato montés», un nombre genial.) Como no podía ser de otra manera, en Estados Unidos se declararon ilegales a partir de 1935. En 1968 se convirtieron en la táctica principal de quienes querían protestar.

Las exigencias de los trabajadores eran profundas y estructurales. Estos querían cambiar el funcionamiento del mundo y la Administración. Se trataba de conseguir modificaciones radicales: nada de aumentos de sueldo y mejora de condiciones, sino un plan para derrocar al gobierno y al presidente De Gaulle con el fin de dirigir sus propias fábricas. Cuando los líderes sindicalistas acordaron aumentar un tercio el salario mínimo, los obreros que ocupaban las fábricas se negaron a volver al trabajo. No bastaba con eso; habría sido como venderse. Después de que los sindicatos cerraran el trato, los trabajadores empezaron a tratar a sus propios líderes como traidores y colaboracionistas.

«La primera gran huelga general que paralizó la economía de un país industrial avanzado, y la primera huelga espontánea general de la historia; las ocupaciones revolucionarias y los comienzos de la democracia directa; el colapso creciente del poder estatal durante casi dos semanas... Esa fue la esencia del movimiento francés de mayo del 68, y su victoria», proclamaba un artículo titulado «El comienzo de una época» (*Internationale Situationniste*, n.º 12, septiembre de 1969). Proseguía diciendo que ese año de 1968 acabó reuniendo todas las críticas a las ideologías existentes y las viejas costumbres en una única entidad holística. Marcó el inicio de un nuevo mundo, en el que el concepto de la propiedad dejaría de ser necesario cuando todos sus habitantes contaran con una vivienda digna. Los espacios libres y abiertos donde se congregaban los participantes del mayo francés fueron testigos de auténticos debates en los que primaba la libertad de expresión más absoluta, entre una comunidad real hermanada por la lucha común.

Échales un vistazo a las consignas de las páginas 66 y 67. Aparecieron en pintadas, cánticos y carteles durante la revolución parisina de 1968. En mi opinión, constituyen la manifestación más pura de la conciencia colectiva en rebeldía, la clase de activismo grupal que más nerviosos pone a los políticos.

Cuando trato de expresar lo que creo que es la poesía perfecta, pienso en esas palabras. Estas son: a) el resultado de un esfuerzo colectivo; b) eclécticas, obtenidas a partir de la técnica del *collage*; y c) anónimas. Están cargadas de ambición y cuestionan la base misma de la sociedad existente, pero no se centran en las ambiciones personales de nadie. Jamás sospecharías que se pronunciaron con la intención de «hacerse pasar por radicales» y fomentar, por ejemplo, la venta de camisetas (como se hace hoy en día). Huelen a revolución, con toda su locura e inefabilidad. El alma no se puede vender, porque no se puede cuantificar.

Otra cosa que me llama la atención cuando leo estas consignas es su coherencia y rotundidad. Aunque fueron creadas por distintos autores, juntas forman una obra de arte sólida y potente. Todos sabemos lo difícil que resulta escribir algo en colaboración, sobre todo si se trata de un grupo numeroso. La escritura colectiva tiene la capacidad de destrozar el alma artística de cada uno de sus integrantes. Para comprobarlo, no hay más que fijarse un poco en los monstruos sin vida creados por la industria del entretenimiento. **Las consignas del 68 nos demuestran que existe otro tipo milagroso de escritura colectiva: cuando todos tus pensamientos se centran exclusivamente en lograr cambios culturales a través del progreso y la palabra, las multitudes empiezan a escribir poesía callejera popular.**

Encuentra las tres consignas que no pertenecen al Mayo francés del 68:

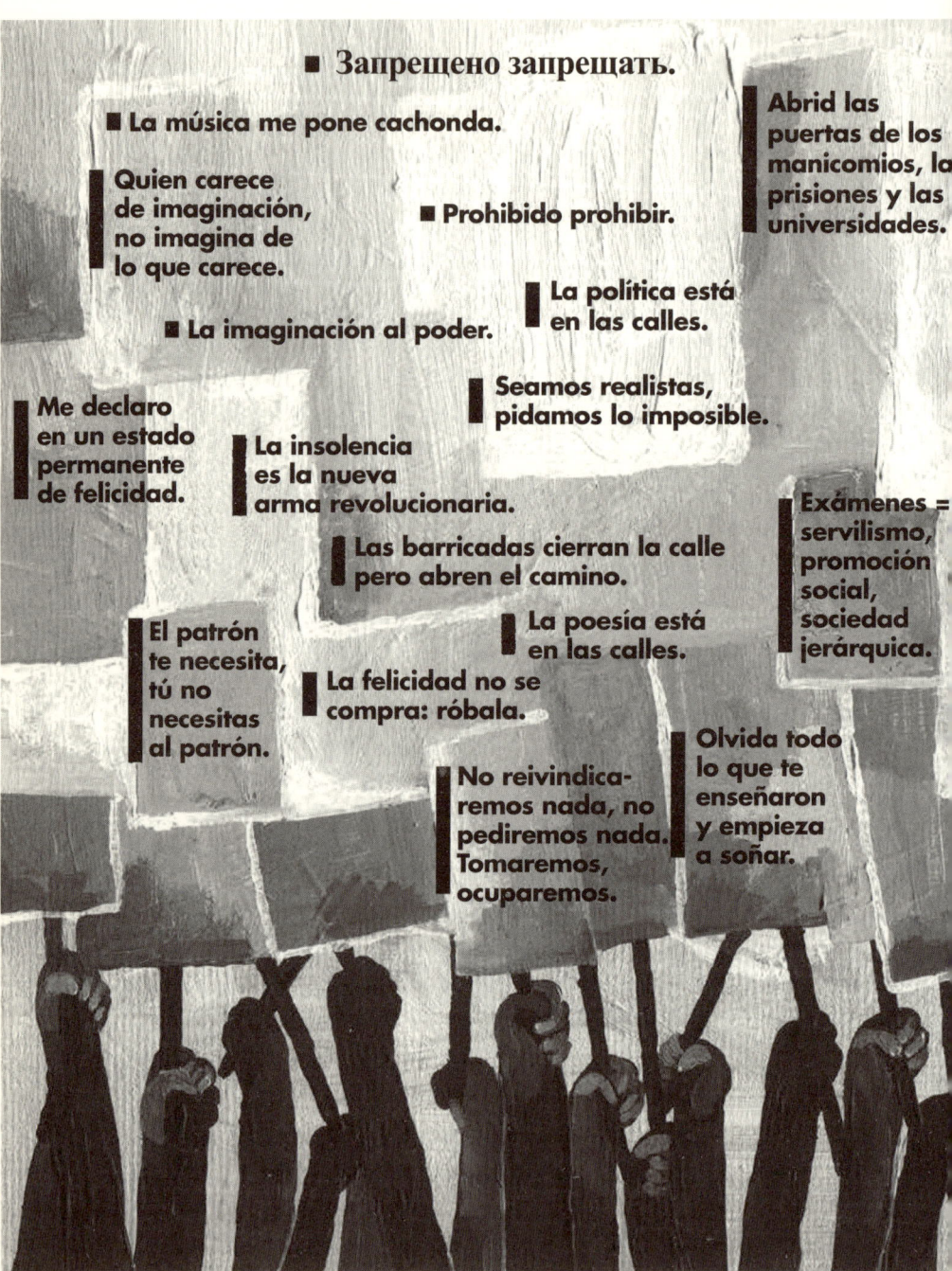

Las respuestas están en la página 251.

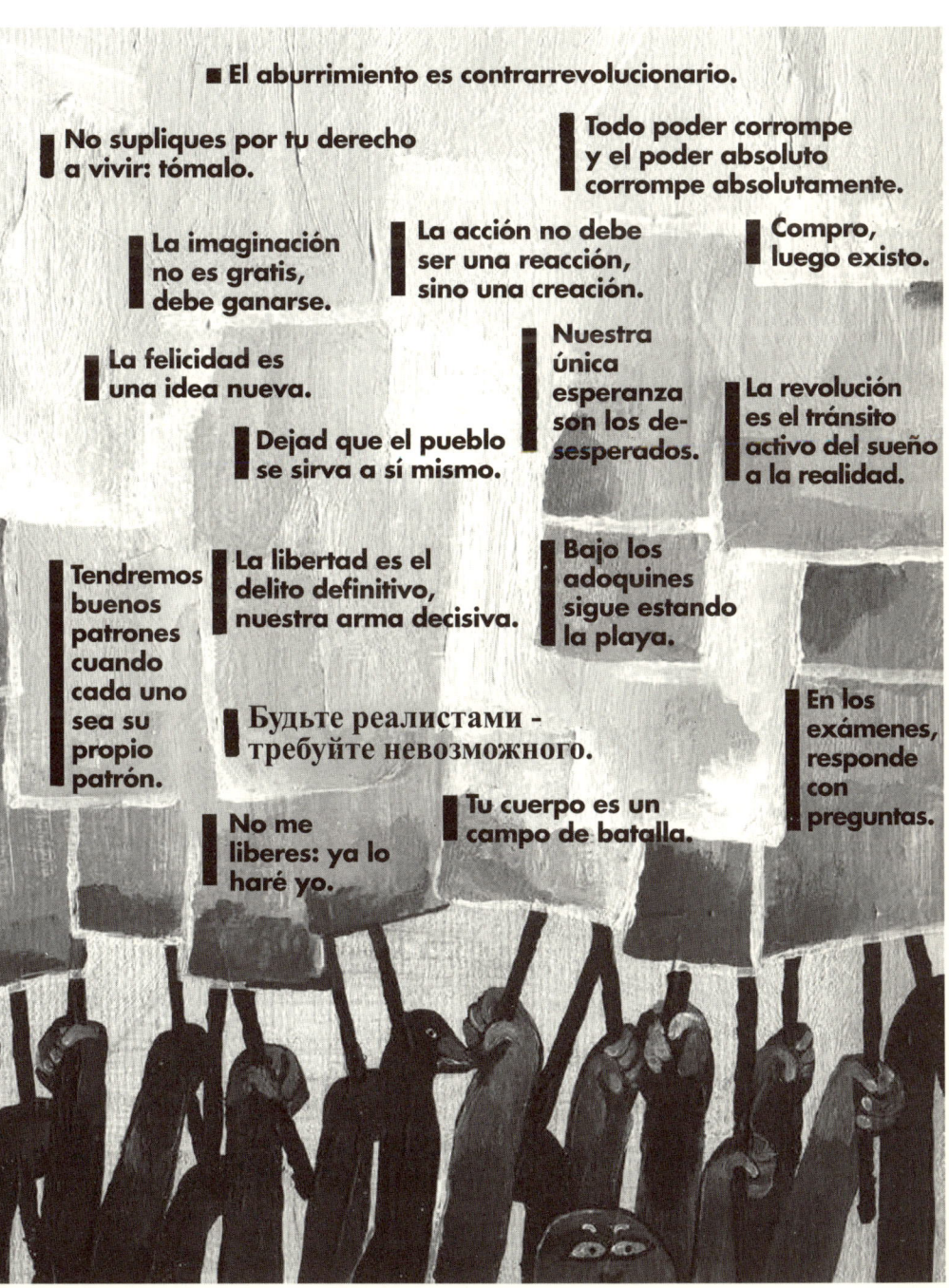

Pese a toda la esperanza que trajo consigo el 68, durante los años siguientes ocurrieron muchos acontecimientos que hicieron retroceder a las causas progresistas de todo el mundo. Solo hay que pensar en algunos de los cambios que se produjeron en los gobiernos... Nixon fue elegido presidente ese mismo año y otra vez en 1972. El presidente chileno Salvador Allende fue derrocado y asesinado en 1973, la derecha dio un golpe de Estado en Argentina en 1976, Margaret Thatcher ganó las elecciones en 1979. Más adelante, Reagan (1980, 1984), los Bush (1988, 2000 y 2004) y por supuesto Putin (2000 y 2012) y Trump (2016).

Chris Hedges dice en este mismo libro que sostienes o lees desde tu teléfono que Nixon fue el último presidente liberal de Estados Unidos (página 193). A lo que se refiere es a que nada cambia si la gente no ejerce algún tipo de presión. Emmeline Pankhurst emplea el mismo argumento en las páginas 148 a 151. Se trata de un hecho universal. Preguntadle a César Chávez y a Dolores Huerta, a Martin Luther King, a W. E. B. DuBois o a Margaret Sanger.

No queda más remedio que mantener la presión, porque los poderes contrarios son formidables y están poco acostumbrados a no salirse con la suya. Aunque la sociedad ha cambiado para mejor —en muchos casos, gracias al 68 (el racismo es ilegal, se protege el derecho al voto, la libertad de expresión se garantiza por ley)—, el movimiento por devolverla al estado en el que estaba en 1968 va ganando impulso. (En realidad, sería más bien al 1862, junto antes de la Proclamación de la Emancipación de Lincoln.)

Ese es el motivo por el que hay que seguir recordando 1968 cincuenta años después. Nada de lo que se obtiene es inmutable.

El efecto más duradero del Mayo del 68 fue la creencia generalizada en el hecho de que, si el gobierno hacía oídos sordos a tus peticiones, tenías el derecho y la obli-

gación de hacerte oír. Sucedió en París y sucedió en la Primavera de Praga en Checoslovaquia, cuando el pueblo tomó las calles para apoyar las reformas de su gobierno y se dio de bruces con una invasión soviética en toda regla. Sucedió en las universidades estadounidenses durante las protestas por la Guerra de Vietnam y en Chicago cuando se mandó a la policía y a la Guardia Nacional a reprimir a los manifestantes de la Convención Nacional Demócrata. Sucedió en Tokio, en Berlín y en Ciudad de México. Las circunstancias pueden cambiar, pero el potencial se conserva latente en el mundo actual como lo estuvo en 1968. Solo hay que encender la mecha…

REGLA N.º 4

Haz que el gobierno se cague en los pantalones

> Quienes tienen el poder han de vivir con miedo, con miedo al pueblo. Os presento a los protagonistas de este capítulo: el poder, la valentía, la risa, la alegría, los valores y el peligro. También podrían ser la inspiración, la justicia, la lucha, los herejes, las brujas, la dignidad, la fe, las máscaras y las gamberradas.

Pensad en hace ciento veinte años, cuando los obreros de este país estaban obligados a trabajar catorce horas al día, siete días a la semana… Pensad en los niños que perdían los dedos en las fábricas con diez u once años, y en lo que respondió la clase obrera: «Lo sentimos, pero somos seres humanos, no bestias de carga. Vamos a crear sindicatos y negociaremos nuestros contratos».

BERNIE SANDERS, discurso en Carson, California, 17 de mayo de 2016

Por eso debemos recordar que el New Deal no fue un regalo de las élites, sino que esas élites estaban sometidas a una enorme presión desde abajo.

Naomi Klein, cita del *Huffington Post*,
3 de diciembre de 2008

Palabras

CUESTIONA EL STATU QUO

Tu trabajo consiste en hacer preguntas incómodas.

Sócrates lo hacía. Era una extraña criatura barbuda que se acercaba a la gente por la calle para preguntarle: «¿Qué son el amor, la dignidad y la vida?». Aunque no tenía nada de malo, al gobierno no le hacía mucha gracia la costumbre del filósofo. **El gobierno rara vez aprueba esa clase de actividad peligrosa y subversiva llamada pensamiento.** Siempre se alarma cada vez que alguien se comporta como una persona libre. Y así pues, Sócrates acabó sentenciado a muerte y fue obligado a beber veneno.

Las preguntas sencillas son poderosas. Querido señor presidente: ya que es usted tan fuerte, tan rico y tan listo, ¿cómo es que su pueblo vive en la pobreza? ¿Por qué es negra la nieve de mi ciudad? ¿Merecían morir apaleados los periodistas que denunciaron la contaminación del país?

Su objetivo es hacerte creer que lo que más te conviene es mantener el statu quo. El tuyo es asustarlos. Oblígales a que compartan lo suyo contigo: el poder, el capital y el control de los recursos naturales.

A las élites no les gusta la resistencia y responden ante ella con furia y venganza. Al no aceptar sus normas, les causamos un daño mayor del que nos causa su venganza, ya que todo el mundo empieza a ver que el emperador no lleva traje alguno.

Debemos reclamar el lenguaje y los ideales que nos robaron los gobiernos. Estos afirman ser los «auténticos patriotas», pero mienten, engañan y roban. Afirman ser religiosos, pero infringen todos los mandamientos. Dicen representar al pueblo, pero solo les importa su propia riqueza. Juzgan, condenan y matan. Como apunta Timothy Snyder, historiador y catedrático en la Universidad de Yale: «Es importante que la gente sepa que el autoritarismo, pese a apropiarse de los símbolos nacionales, no es patriota».

Pussy Riot inició su andadura en el punk político porque nuestro sistema de Estado era rígido y cerrado y estaba dominado por las castas. En Rusia, la política actual viene dictada por los intereses egoístas de un puñado de altos cargos, hasta el punto de que el mismo aire que respiramos está viciado, como si nos hubieran arrancado la piel a tiras.

Lo que buscábamos era algo que fuera sincero y sencillo de verdad, cosa que encontramos en los conciertos punk. La pasión, el candor y la ingenuidad superan a la hipocresía, el embuste y la falsa modestia. Siempre será mejor dirigirse con una libertad anárquica e infantil allá donde nos empuje la vida. Llévala contigo a las calles y a las polvorientas celdas de las prisiones. Se puede llegar a la verdad a través del humor, las payasadas y la irreverencia. La verdad tiene muchas caras, y son muchos quienes afirman poseerla. **Rebate la versión de la verdad de tu gobierno y cuenta tu propia verdad. Y si lo consigues, ¿qué más dan las consecuencias?**

Hechos

HABLEMOS EN SERIO

Miramos a nuestro alrededor y no vimos a nadie dispuesto a sacrificarse, a ser humilde, a ser agresivo y luchar; una combinación de estados opuestos y extremos sin los cuales el ser humano distaría poco de las lombrices. Nos fijamos en el mundo del arte, donde esperábamos hallar locura y la búsqueda de lo absoluto, pero nos encontramos ante cientos de personas acomodadas, que no hacían otra cosa más que ir de bohemios sin serlo (si es que medimos la autenticidad del bohemio por su grado de disensión interna, su angustia y la agudeza con la que percibe la realidad).

Puesto que no existía lo que buscábamos, decidimos crear algo que nos despertara a nosotras mismas y a la gente que nos rodeaba. Queríamos agitar el sistema y acojonar al gobierno.

Estas fueron algunas de nuestras primeras acciones.

ASALTO A LA CASA BLANCA,
7 DE NOVIEMBRE DE 2008
LUGAR: LA CASA BLANCA DE MOSCÚ
TAMAÑO DE LA CALAVERA PROYECTADA SOBRE
LA CASA BLANCA: 60 X 40 METROS

Está la Casa Blanca de Washington, pero en Rusia también tenemos nuestra propia Casa Blanca a orillas del río Moscova. En el año 2008, el asiento del poder político ruso estaba controlado por Putin, el entonces primer ministro, de modo que nos propusimos un reto. El 7 de noviembre, el Día de la Revolución, íbamos a proyectar con láser una bandera pirata gigante, de sesenta por cuarenta metros, sobre la fachada de la Casa Blanca, mientras que un grupo de nosotras se introducía en el edificio saltando la valla de seis metros que lo rodea.

Aprendimos a huir de la policía rodando debajo de los coches en tres segundos. Nos subíamos a los contenedores en plena carrera y nos cubríamos de basura de una zambullida. Estábamos preparadas ante el hecho de que, si lográbamos escalar la valla de seis metros, nos sacudiera una descarga de alto voltaje.

Unas ocho horas antes del ensayo nos dimos cuenta de que la mayoría de los participantes se habían rajado. Una persona tenía diarrea; otra tenía la regla. A una se la encontraron borracha. Debíamos buscar a gente para sustituir a los rajados, así que nos separamos y salimos a peinar la ciudad.

Fui a hablar con los estudiantes de una academia de arte contemporáneo, la Escuela de Fotografía y Multimedia Rodchenko. Era mi primera vez en aquel lugar. Me acerqué a un grupo de jóvenes que bebían té en las escaleras.

—¿Quién se viene conmigo a asaltar la Casa Blanca?

—¿Qué tendríamos que hacer?

—Vamos a proyectar una calavera pirata sobre la fachada y saltar la valla.

—¿Lo habéis discutido con la Administración? —me preguntó una chica.

—Claro que no. Esa es la idea.

Los estudiantes se quedaron en silencio mientras seguían bebiendo té, así que me puse el abrigo y me encaminé hacia la puerta.

—Yo te acompaño. ¿Cuándo y dónde nos vemos? —dijo uno de ellos, quien dio un paso al frente. Sus andares elásticos, como los de un animal salvaje, delataban su fuerza física y su aguante.

—Ven ya.

Salimos de la Rodchenko y fuimos juntos hasta la

Casa Blanca. Él se llamaba Roma, pero ese día le pusimos un nuevo nombre: Bomber. Fue una de las únicas tres personas que lograron saltar la valla aquella noche, y perderse con éxito entre los patios y las plazas de Moscú tras cruzar los terrenos del congreso.

A las cuatro de la madrugada, el lienzo oscuro de la Casa Blanca de Rusia se vio salpicado por los rayos verdes de un proyector desde el tejado del Hotel Ukraina, al otro lado del río, y la calavera pirata se dibujó sobre el edificio. Nuestro grupo de choque recorrió la entrada del parlamento a la carrera y se dio a la fuga tras trepar por una valla de seis metros.

Al cabo de unos minutos, los robustos guardias de seguridad del gobierno ocuparon los terrenos de la Casa Blanca y rastrearon cada palmo de las inmediaciones con linternas de largo alcance, al tiempo que decenas de haces de luz rodeaban el perímetro.

CIERRE DEL RESTAURANTE FASCISTA OPRICHNIK, DICIEMBRE DE 2008
LUGAR: EL RESTAURANTE MOSCOVITA OPRICHNIK, PROPIEDAD DEL PERIODISTA ULTRACONSERVADOR MIJAÍL LEÓNTIEV, PARTIDARIO DE PUTIN

Desde que el restaurante Oprichnik abrió sus puertas en Moscú, nos marcamos la meta de cerrarlo soldando una plancha de metal sobre la puerta. ¿Por qué motivo? En el siglo XVI, Iván *el Terrible* empleó la *opríchnina* para afianzar su poder en Rusia. Es decir: apuñaló, descuartizó, colgó y arrojó agua hirviendo sobre sus enemigos. Iván y sus *opríchniks* usaron para ello sartenes al rojo vivo, hornos, tenazas y cuerdas. Tal reino del terror se dio en llamar la *opríchnina*. En Rusia, ponerle el nombre Oprichnik a un restaurante es como llamar Auschwitz a una discoteca en Alemania.

Así pues, empezamos a practicar el soldado de puertas por los callejones de los alrededores del Parque de la Victoria de Moscú, plagado de tanques. Día tras día, un puñado de gente aprendía a soldar bajo el cortante frío de diciembre entre garajes y ventiscas.

Nuestro colectivo artístico se dividió en dos grupos. El primero estaba formado por los obreros industriales. Estábamos a cargo del trabajo físico: encontrar una buena plancha de metal y soldarla a la puerta del restaurante. Contábamos con una amplia variedad de ciudadanos enfurecidos: anarquistas, socialdemócratas, feministas, defensores de los derechos trans y cualquiera que compartiera nuestro cabreo con Vladímir Putin. Por extraño que parezca, unos años más tarde me enteré de que uno de esos activistas en contra de Putin era en realidad un superconservador en secreto, y la causa de su descontento se debía a que Putin no era lo bastante duro. En fin, son cosas que pasan.

El segundo grupo se dedicaba a las tácticas de distracción. Su función sería la de infiltrarse en el restaurante y hacerse pasar por una panda de borrachos para llamar la atención de los seguratas. La actuación se iba a llevar a cabo a finales de diciembre, poco antes de Nochevieja, de modo que irían disfrazados de conejitos, gatitos y Papás Noel. Ensayamos una canción que cantarían los nuestros cuando comenzáramos a soldar. Debían hacerlo muy alto, porque si no se oiría el ruido desde dentro y nos detendrían.

Por último, otro activista, un prominente organizador de las marchas del Orgullo LGBTI de Moscú, debía situarse en la esquina de la calle, cerca del restaurante, entregando panfletos sobre cuestiones LGBTI a los viandantes. Su misión consistía en distraer a los posibles miembros de la policía secreta y también a la no tan secreta.

Y como quizá sepas, lo conseguimos, tuvimos éxito y

cerramos aquel antro. Volvimos allí unas horas más tarde, de noche, para verlos tratando de arrancar nuestra hoja de metal de sus puertas.

El restaurante ya ha dejado de existir. A veces paso por allí y me pregunto si nuestro acto tuvo algo que ver con ello.

ARTE EN ACCIÓN

El espacio urbano no se tiene lo suficientemente en cuenta como lugar de exposición de obras de arte. El metro, los trolebuses, los mostradores de las tiendas, la Plaza Roja. ¿Quién más puede ofrecer marcos tan coloridos y espectaculares?

Hicimos nuestro debut con una gira por el transporte público. Descubrimos que los mejores momentos para actuar eran por la mañana y en las horas punta de la tarde. Tocábamos bajo las arcadas del metro soviético y encima de los autobuses. Pertrechadas con todo nuestro equipo (guitarras, pies de micro, amplis), escalábamos los andamios que se elevaban en mitad de las estaciones. Y en plena canción, yo rajaba una almohada y las plumas llovían sobre la estación, empujadas una y otra vez por las corrientes de aire que acompañan el tránsito de los trenes por los túneles. Entonces cogía un petardo lleno de confeti de colores que me escondía en las braguitas (¿dónde si no vas a guardar algo que debas sacar a toda prisa durante una actuación sin tener que rebuscar en la mochila?) y lo hacía estallar. Una capa de aluminio y papel tintado cubría a los sorprendidos pasajeros, que nos apuntaban con sus móviles para grabarnos. Casi todas las actuaciones acababan con nuestra detención tras bajar de los andamios.

Componíamos una estampa bastante extraña en las comisarías, con nuestras medias rotas de colorines y las Doc Martens de cordones blancos, cargadas con pesadas mochilas de acampada de las que sobresalían montones de cables. Los polis aburridos salían de sus despachos solo para mirarnos con la boca abierta.

En una ocasión, mientras ensayábamos *Putin Has Pissed Himself*, los altavoces empezaron a arder y a humear. Parecía una señal de los cielos que nos indicaba que el muy puerco se había meado de verdad.

PUTIN SE HA MEADO ENCIMA

Una columna de rebeldes se dirige al Kremlin
Estallan las ventanas en las oficinas del FSB
Los hijos de puta se mean tras paredes rojas
Pussy Riot proclama: ¡derrocad todos los sistemas!
Descontento con la histeria de la cultura machista
El salvajismo de los líderes destroza las mentes
La religión ortodoxa del pito tieso
Los pacientes han de tragarse píldoras de conformismo
Échate a la calle
Ocupa la Plaza Roja
Demuestra la libertad de la rabia ciudadana

LOS SEXISTAS ESTÁN JODIDOS

Entre noviembre y diciembre de 2011 realizamos una gira de conciertos antiglamur, *Sexists Are Fucked, Fucking Conformists Are Fucked* [Los sexistas están jodidos, los putos conformistas están jodidos]. Actuábamos en los lugares donde se reunían los putinistas ricos y los conformistas, como, por ejemplo, sobre los techos de sus coches de lujo, las mesas de los restaurantes, en *boutiques* y peleterías caras, desfiles de moda y cócteles. Solo nos daba tiempo a tocar una canción, que era lo que tardaban en detenernos. Dicha canción se llamaba *Kropotkin Vodka*, y exhortaba a llevar a cabo un golpe de Estado en Rusia. La letra decía así: «El vodka Kropotkin arde en las entrañas, / tú estarás a salvo, pero a los mamones del Kremlin / les espera la revuelta de las letrinas, veneno mortal».

Mientras que en los conciertos anteriores rajábamos almohadas viejas, en aquel entonces empezamos a experimentar con la harina. Nuestro plan consistía en contar detalles de nuestra vida cotidiana, cosas que les pasaban a las mujeres todos los días, y asistir a los desfiles de moda armadas con sacos de harina. No resultaba fácil entrar en ellos. Solo se podía acceder con invitación, y los miembros de la élite artística conservadora y proputin se hallaban entre el público.

«Somos de la BBC Radio», le susurramos al segurata, y nos colamos en la sala con cara de circunstancias. Sobre la pasarela desfilaban jovencitas delgadas de largas piernas, ataviadas con cortinas que cubrían sus bellos cuerpos.

Entonces nos subimos al escenario y dimos comienzo a la actuación.

«¡Los sexistas están jodidos, los putos putinistas están jodidos!», exclamamos.

Las modelos se refugiaron en un rincón. Levantamos

un saco de harina y lanzamos su contenido al aire. El polvo blanco se esparció por todo el escenario. De pronto, se oyó una detonación y un estruendo como de ametralladora. Explotaron unos cuantos globos. Nos vimos envueltas por una columna de fuego. Nuestros pasamontañas empezaron a arder y a humear. Hacía calor. Sin embargo, no podíamos dejarlo todo y huir, puesto que era posible que no volviera a presentársenos otra oportunidad como esa para sabotear un desfile de moda.

Años después me percaté de que el incendio comenzó porque la harina suspendida en el aire es bastante inflamable. La pasarela del desfile estaba rodeada de velas, de modo que la harina estalló en llamas cuando la lanzamos. Sea como fuere, en ese momento no nos importó lo más mínimo el motivo, porque ya íbamos de camino a nuestra siguiente actuación.

«¡ABAJO LA CÁRCEL, LIBERTAD DE PROTESTA!»,
14 DE DICIEMBRE DE 2011
LUGAR: CENTRO DE DETENCIÓN N.º 1 DE MOSCÚ

Cuando la policía detuvo a 1.300 de nuestros compañeros activistas tras una gran manifestación en contra de Putin, nos cabreamos muchísimo. Iban a encerrar a nuestros familiares, amigos y camaradas. A veces es bueno enfadarse, porque te motiva. Así que escribimos una canción y la ensayamos en un solo día. Al siguiente nos presentamos en el centro de detención y nos subimos al techo para tocar *Death to Prison, Freedom to Protests!* en un concierto por los presos políticos. Era el 14 de diciembre de 2011.

Cuando llegamos al sitio, vimos que había un furgón de antidisturbios, un coche de policía de tráfico y otro de incógnito rodeando el edificio. Sin embargo, decidimos seguir adelante con la actuación. Aquel concierto marcó el debut de la nueva solista de Pussy Riot, la feminista militante Serafima. «Con policía o sin ella, vamos a tocar», dijo ella.

Entonces sacamos nuestra pancarta (¡LIBERTAD DE PROTESTA!) y la extendimos sobre la alambrada que cercaba el recinto. Luego trepamos hasta el techo de las instalaciones. El personal asomaba la cabeza por las ventanas, asombrado. Por lo visto, nunca antes se había celebrado un concierto de música en aquel lugar. Un agente de policía se acercó a nosotras por detrás, desde el patio, y nos exigió que bajáramos. Varios agentes de incógnito llegaron desde la misma dirección y se pusieron a grabar la operación con cámaras.

> El gozo de tomar las plazas
> Voluntad popular sin líderes de mierda
> La acción directa es el futuro de la humanidad
> ¡LGBTI, feministas, defended la patria!

Mientras cantábamos «¡Abajo la cárcel, libertad de protesta! Liberad a los presos políticos», los reclusos se asomaron desde las ventanas de sus celdas. No tardaron en repetir nuestras consignas, y el centro de detención tembló bajo sus voces. Los barrotes chirriaron; estaban intentando arrancarlos con sus propias manos. Cuando llegamos a las estrofas «Obliga a la poli a servir a la libertad… Confisca a todos sus agentes», dos policías volvieron a entrar en el edificio amedrentados, cerrando la puerta a su paso.

Hacia el final de nuestra actuación, exclamamos: «¡Muerte a Putin!» y «¡El pueblo unido jamás será vencido!». Después bajamos tranquilamente del tejado por nuestra mágica escalera extensible y nos esfumamos por las calles cercanas. Los polis que nos grababan habían desaparecido, tal vez para ir a comprar dónuts en la tienda más próxima, y nosotras nos escabullimos sin hacer ruido.

Héroes

MARTIN LUTHER KING JR.

Hacer que el gobierno se cague en los pantalones no precisa del uso de la fuerza. El doctor Martin Luther King lideró el movimiento por los derechos civiles desde que se produjo el boicot a los autobuses de Montgomery en Alabama en 1955, lo que empujó a la Corte Suprema de Justicia a declarar inconstitucionales las leyes que exigían la segregación en el transporte público, y siguió luchando pacíficamente por el cambio hasta que fue asesinado en 1968.

Tras su muerte, Nina Simone le dedicó una canción:

> *Once upon this planet earth*
> *Lived a man of humble birth*
> *Preaching love and freedom for his fellow men*
> ....
> *He was for equality*
> *For all people you and me*
> *Full of love and good will, hate was not his way*
>
> *He was not a violent man*
> *Tell me folks if you can*
> *Just why, why was he shot down the other day?*

King explicó los detalles de su propio credo en su «Carta desde la cárcel de Birmingham», escrita en 1963 durante su encarcelamiento tras haberse manifestado en una ciudad de Alabama donde la segregación se imponía con brutalidad. En dicha misiva, King respondía a los sacerdotes blancos que habían criticado sus actos. Si estaba allí, dijo, era porque allí era donde estaba la injusticia. «No puedo quedarme sentado en Atlanta y despreocuparme de lo que sucede en Birmingham, porque la injusticia cometida en cualquier lugar constituye una amenaza a la justicia en todas partes. Estamos inmersos en una red indestructible de relaciones mutuas, atados a un mismo destino. Cualquier cosa que afecte a una persona de manera directa, afecta indirectamente a todos.»

En realidad, el reverendo King era un hombre de Dios que seguía los preceptos de las Escrituras. Tal y como se puede leer en los Proverbios 14:31: «El que oprime al pobre afrenta a su Hacedor, pero el que se apiada del necesitado le honra». ¿Cuánta gente va a misa solo para sentirse mejor consigo misma? Para King, el enemigo más temible no era el Ku Klux Klan, sino los blancos moderados que preferían el orden a la justicia. Según afirmaba, la iglesia sureña lo había defraudado por no apoyar su causa y seguir permitiendo aquel estado de las cosas. Los miembros de la iglesia primitiva se habían mostrado dispuestos a sacrificarse, pero en aquel entonces King encontró a pocos que estuvieran dispuestos a ayudarle.

Durante su campaña por conseguir una renta básica garantizada en 1968, denunció el racismo, la pobreza, el militarismo y el materialismo como nuestros principales enemigos, señalando que «el verdadero problema que hay que afrontar es la necesidad de una revolución social radical».

En su carta desde la cárcel, King explicó por qué insistía en la acción directa sin violencia: era una manera de crear una tensión que obligara al contrario a negociar. «Por desgracia, es un hecho histórico que los grupos privilegiados raramente renuncian a sus privilegios de manera voluntaria», escribió. Lograr sus objetivos sin actos de violencia era una declaración de fuerza, no de debilidad. King ya estaba cansado de esperar, cansado de los linchamientos, del asesinato de sus hermanos y hermanas a manos de policías racistas, de los veinte millones de afroamericanos que vivían en la pobreza y dormían dentro de los coches porque no los aceptaban en los moteles.

A King lo llamaron extremista. «¿Acaso no fue Pablo un extremista? —respondió él—. ¿Y Amós, y John Bunyan y Abraham Lincoln y Thomas Jefferson?» Hasta Jesucristo era «un extremista del amor, la verdad y la bondad».

A partir de 1963, la Conferencia Sur de Liderazgo Cristiano liderada por King encadenó una serie de actividades y victorias. Ese mismo año, durante la Marcha a Washington, pronunció su célebre discurso: «Yo tengo un sueño». La Ley de Derechos Civiles se aprobó en 1964, la de Derecho al Voto, en 1965. ¿Habrían sido posibles sin su influencia? Más adelante criticó la Guerra de Vietnam y se comprometió con la causa de la justicia económica, hasta que fue abatido a tiros a la edad de treinta y nueve años.

Nunca sabremos lo que hubiera logrado de haber seguido con vida. Sin duda, un movimiento popular en pos de la justicia racial, social y económica encabezado por King habría movido montañas. Alto ahí, espera un momento: ya movió montañas. Y ha seguido haciéndolo después de su muerte, a través de sus seguidores de todo el mundo.

THERE ARE MANY MORE OF US THAN YOU

REGLA N.º 5

Delinque con arte

> Lo mágico del arte es que eleva y amplifica tu voz; algunas veces, de forma literal, con un micrófono y altavoces. El arte es una máquina de hacer milagros. El arte nos abre a realidades alternativas, algo que resulta muy útil cuando nos hallamos ante las crisis y la abundante falta de imaginación política que nos rodea.

Tras meditarlo nuevamente, he llegado al convencimiento de que los artistas deben marchar a la cabeza, por delante de los científicos, con los industriales por detrás de ambas clases.

HENRI DE SAINT-SIMON,
Carta de H. de Saint-Simon a los jurados

Toda innovación es una obra teatral.

ALEKSANDRA KOLONTÁI

Nos tenemos que crear a nosotros mismos como una obra de arte.

MICHEL FOUCAULT,
Subjetividad y verdad

Palabras

Aunque es algo que no se suele mencionar cuando se habla de Pussy Riot, lo cierto es que en primer lugar somos unas colgadas del arte. Nuestras influencias más importantes son el conceptualismo moscovita y el accionismo ruso en los años ochenta y noventa.

Uno de nuestros artistas favoritos de los noventa fue el más salvaje de todos, Oleg Kulik, conocido por recorrer Moscú en pelotas, ladrando y mordiendo a la gente como un perro. Durante nuestro juicio en 2012, tuvo la bondad de dedicarnos unas palabras muy amables. Para nosotras era muy importante recibir el apoyo de la familia de artistas conceptualistas rusos, puesto que básicamente se trataba de nuestras raíces.

Kulik hizo unas observaciones muy pertinentes acerca de la importancia de la doble penetración mutua entre el arte y la política: «La acogida tan calurosa que tuvo Pussy Riot se debió al hecho de que procedían del ámbito del arte. A partir de esos conocimientos, diseñaron una fórmula y la unieron a la tradición. Fijaos en cómo recuerdan a las últimas pinturas de Malevich, o a las figuras mecánicas de Tatlin, o a las escenografías de Stepanova. Explican sus actos recurriendo a los artistas de los años noventa, apoyándose en una tradición artística que se mantendrá en el futuro, mientras que la política irá cambiando».

Es posible que Pussy Riot haya recibido tal cantidad de apoyo gracias al arte, esa disciplina que traspasa las fronteras de la existencia y trata de explicar lo inexplicable. No es necesario hablar ruso ni conocer los detalles de la política rusa para entender nuestras reivindicaciones punk y ponerse en el lugar de unas chicas que viven al otro lado del mundo. Estoy convencida de que el arte nos une, y de que el arte de protesta en particular puede ser la fuerza que una y galvanice el activismo mundial, el cual no deja de ser el movimiento de la humanidad.

EL SER HUMANO COMO ANIMAL POLÍTICO Y ARTÍSTICO

¿A qué se dedican las Pussy Riot, al arte o a la política? Para nosotras, es lo mismo: ambas cosas son inseparables. Intentamos hacer arte político al mismo tiempo que enriquecemos la política por medio del arte.

En primer lugar, intenta resolver tus problemas con la ayuda del arte, y después con todos los medios que tengas a tu disposición. El arte es la mejor medicina que existe, tanto para uno mismo como para la sociedad.

Es cierto que los punks antisistema no solemos tener mucha pericia tocando, pero aunque nuestra música sea una mierda, suplimos la carencia a base de puro ímpetu, y eso es algo que puede distinguir cualquiera que tenga sangre en las venas, dejándose inspirar y motivar por él. **Si estás pensando en crear un grupo o un colectivo de punk, no renuncies a hacerlo solo porque no tengas una técnica perfecta.** Lo que importa es la pulsión, la energía y el empuje.

Muchas veces nos preguntan cuándo y dónde se nos ocurrió combinar el arte con la política, cuando la auténtica pregunta es cuándo y dónde se les ocurrió a ellos separar el arte de la política, y el arte del activismo.

«Parece que el arte como tal exprese una verdad, una experiencia, una necesidad que, aunque no penetre en el dominio de la praxis radical, sea todavía componente esencial de la revolución.» *La dimensión estética* (1978) de Herbert Mancuse es un poema teórico sobre la naturaleza radicalmente transformadora del arte. ¿Cómo vamos a superar la alienación de la existencia social, la falta de autenticidad y el tratamiento de los seres humanos como objetos? ¿Cómo podemos dar con una respuesta radical a la cosificación y a la opresión social que limitan la realización plena del ser humano?

El arte nos ayuda a crear una subjetividad radical, uno de los elementos clave de toda transformación política. Es una esfera que nos ayuda a luchar contra las fuerzas que tratan de mecanizar al ser humano, que nos ven como objetos con manual de instrucciones que deberían colocarse en los estantes de los centros comerciales.

Nunca he entendido la necesidad de separar el arte del compromiso político, tal vez porque siempre he sido una enamorada de las vanguardias. Soy una chica de principios del siglo XX, un periodo en el que la política y el arte estaban unidos orgánicamente. Los artistas buscaban medios de expresión primordiales, precristianos, paganos, orgánicos y sencillos, así como nuevos métodos, no solo para transformar sus disciplinas de forma radical, sino para crear explosiones en el espacio social. Fue una época de grandes cambios en la conciencia colectiva, un espacio que los artistas estaban dispuestos a liderar. En aquel momento, el artista que no era revolucionario se consideraba más bien un decorador, y así era como se pensaba. «**Los filósofos no han hecho más que interpretar el mundo de diversas maneras, pero de lo que se trata es de transformarlo**», dijo Marx.

«Éramos todos revolucionarios —confesó Serguéi Diáguilev, fundador de los explosivos y exóticos Ballets Rusos que conquistaron el mundo durante las primeras décadas del siglo XX—. Si únicamente me dediqué a la revolución del color y la música fue por pura chiripa.»

Si Rusia tuviera que enfrentarse al mundo, debería hacerlo a través del arte, no con armas nucleares y tanques o financiando a Trump y a Le Pen. **Y creo que el símbolo de Rusia debería ser el *Cuadrado negro* de Malévich, y no Putin.**

Y

La práctica y el disfrute del arte nos brindan la oportunidad de recuperar esa sensación de auténtica libertad, puro coraje e ingenuidad, que nos permite soltarnos con la misma creatividad brutal y traviesa curiosidad que teníamos de niños. El agente de policía cansado, irritado y solitario puede regresar a ese patio de juegos mágico a través del arte. La camarera que se pluriemplea para llegar a fin de mes también. Una presa a la que todavía le quedan doce años de condena por delante, abandonada por su familia y amigos, a quien se trata como si ya fuera un cadáver, encuentra su alegría y felicidad creando obras de arte con papel higiénico y pan.

El arte es la varita mágica que buscábamos para superar cualquier barrera de idioma, fronteras, naciones, géneros, posturas políticas e ideologías. El arte nos eleva otorgándonos el bien más valioso del mundo: el derecho y la confianza para hacer preguntas incómodas sobre el mismísimo centro de nuestra existencia animal, política y social. **La sorpresa es libertad, el accidente es libertad. Por lo tanto, el arte es libertad.** El arte nos permite ser únicos, pero su misma naturaleza exige que sigamos íntimamente ligados al mundo, recogiendo ideas, símbolos, emociones, tendencias y arquetipos. Nos alzamos juntos, pero no somos una multitud sin rostro.

He comprobado que el arte es capaz de conceder esperanza y trascendencia a los más desesperados. Una vez toqué en un grupo de rock de una cárcel siberiana, y sé lo preciosos que son esos momentos en los que las musas te devuelven a la vida, arrancándote de un mundo de apatía y obediencia. Citando a Nietzsche: «Quien tiene un porqué para vivir, encontrará casi siempre el cómo».

Para dar sentido a la vida, el arte no debería existir únicamente en los mercados, como casi siempre sucede ahora.

Por definición, los mercados crean experiencias exclusivas en lugar de inclusivas, pero el arte nos pertenece a todos. Se debería poder hacer arte en las calles y los espacios públicos. Deberían existir centros artísticos comunitarios, en los que pudiera crear quien quisiera. Dirás que es una utopía, pero fíjate en lo que pasaba en Suecia durante los años ochenta y noventa. Tenían centros culturales comunitarios, donde toda persona que entraba podía aprender a, por ejemplo, tocar la guitarra. Me pregunto si será casualidad que la industria musical sueca se encuentre ahora tan por delante de la estadounidense.

CÓMO COMBINAR ARTE Y POLÍTICA

Hay millones de maneras de protestar:

kiss-in: acto de protesta en forma de besos entre personas LGBTI, en demostración pública de sus preferencias sexuales.

die-in: acto de protesta en el que los participantes se hacen los muertos, método utilizado por activistas por los derechos de los animales, antibélicos, pro derechos humanos, control de armas, medioambientales y muchos más.

bed-in: protestar en la cama. La encamada más famosa fue la que protagonizaron Yoko Ono y John Lennon en Ámsterdam en el año 1969, cuando pasaron una semana en la cama para protestar en contra de la Guerra de Vietnam.

caravanas de coches o motos: un grupo de conductores o motoristas se desplazan por la ciudad portando símbolos y carteles y haciendo mucho ruido. (Por ejemplo, este fue el método utilizado por el movimiento de los cubos azules de Rusia para protestar por el uso frecuente e innecesario de las luces de advertencia y el cierre de carreteras ante el paso de vehículos de altos cargos.)

repintado: en 1991, el escultor checo David Černý pintó un tanque soviético IS-2 de color rosa.

sustitución: reemplazar los maniquís «normales» de las tiendas por maniquís «anormales».

retrohurto: consiste en colocar tus propios artículos en las tiendas, a modo de burla y en forma de rechazo a las órdenes absurdas del sistema.

la risa en respuesta al abuso de policías o guardias.

la risa como protesta durante un juicio.

(La ridiculización del poder es uno de los mejores métodos de democratización, al que llamamos risastencia.)

....

....

....

(añade tus propias ideas a la lista)

ROMPE LA (CUARTA) PARED

¿Cómo se puede romper la cuarta pared que separa al artista del público? Romper la cuarta pared es bueno y saludable, una muestra de auténtica hospitalidad y una invitación a pensar y crear juntos. **Confía en tu público, trátalo como a un igual, implica a todos los invitados en el viaje, la investigación y la conversación.** Ellos también forman parte de la obra de arte.

En palabras de Michel Foucault: «Me llama la atención el hecho de que en nuestra sociedad el arte se haya convertido en algo que atañe a los objetos y no a la vida ni a los individuos. El arte es una especialidad que está reservada a los expertos, a los artistas. ¿Por qué un hombre cualquiera no puede hacer de su vida una obra de arte? ¿Por qué una determinada lámpara o una casa pueden ser obras de arte y no puede serlo mi vida?».

La responsabilidad artística se reparte a medias entre el artista y el público. Más vale que les hagas olvidar pronto la idea de que han venido a: 1) divertirse y 2) ser evaluados. El teatro político es una obra cruel en la que nadie es un mero espectador. La sociedad del espectáculo se derrumba convirtiendo el espectáculo en sociedad. El público te lo agradecerá, puesto que también se ha cansado de la basura que le obliga a tragarse la industria del entretenimiento. La gente quiere ser responsable, y la libertad se extiende a través de la presión, de modo que hay que presionar. El público quiere unirse a los tuyos.

En ocasiones nos sentimos desconectados de la realidad. ¿Cómo voy a cambiar nada con mis pequeños actos? La respuesta es que, si puedo unir a cinco o diez personas por medio del arte, si logro que crean en su propio poder, ese es todo el premio y la victoria que necesito.

Guy Debord, Jean-Luc Godard y Bertolt Brecht buscaban una forma de arte que derribara la pared que se alzaba entre los actores y el público. Según ellos, la eliminación de dicha pared podría llevar a los espectadores a la acción y el análisis crítico.

Tal y como escribió Roland Barthes en sus *Mitologías* en 1957: «El arte dramático burgués se apoya en una pura cuantificación de los efectos: un circuito de apariencias computables establece una igualdad cuantitativa entre el dinero de la entrada y los llantos del comediante o el lujo del decorado».

«El arte no es un espejo para reflejar la realidad, sino un martillo para darle forma.» Eso lo dijo Bertolt Brecht.

No me interesa el arte que no molesta. Para ser totalmente sincera, ni siquiera lo considero arte. El objetivo no consiste en mantener el statu quo, sino en investigar y desarrollar. **Por definición, el arte, como acto creativo, supone un cambio, un cambio que afecta al artista y al público por igual.**

El arte y los videoclips de temática política no difieren mucho de otros tipos de arte. Las únicas diferencias son:

1. Sabes que los servicios secretos controlan cada paso que das.
2. Actúas en consecuencia al hecho de saber que los servicios secretos te controlan.
3. Tienes la deferencia de advertir a toda persona que se involucre contigo de que podría: 1) perder su trabajo, 2) llevarse una buena paliza, 3) recibir una condena de varios años de cárcel.
4. Tras publicar tu obra de arte, miras las noticias por si hubieran abierto una causa judicial en tu contra.
5. Debes estar dispuesto a ayudar a quienes corran peligro por haber participado en tu iniciativa artístico-política.

Y creo que eso es todo.

UNA PLEGARIA

Si la teoría de supercuerdas es cierta y no somos más que cuerdas que vibran, ello explicaría por qué la música puede llegar a emocionarnos tanto. Y ello se debe a que no estamos hechos de materia sólida, como se creía. Si fuéramos cuerdas de energía —y los científicos cuánticos dicen que lo somos—, emitiríamos vibraciones. Si pudieras sentirlas, podrías proyectar ideas, sentimientos y percepciones de la realidad. La música es una plegaria. Por desgracia, no conecto con ninguna de las cosas que se proyectan ahora mismo en el mundo de la música, y por eso seguimos arrojando plegarias al aire.

La música nos acerca al estado animal. Pero no sufras, porque eso no afecta a tu precioso raciocinio. Por el contrario, el pulso del ritmo organiza nuestros pensamientos y visiones de manera sencilla y elegante, volviéndolos más impactantes e hipnóticos. El hechizo no se puede falsear, debemos dejar que nos invada, cuando está listo para lanzarse y es posible que surta efecto. Es lo mismo que el chamanismo. En el fondo, la música siempre ha sido y será una plegaria.

La segunda esposa de Einstein, Elsa, comentó una vez: «Me enamoré de Albert de jovencita tras escuchar sus preciosas interpretaciones de Mozart al violín. También toca el piano. La música le ayuda a pensar en sus teorías. Entra a su despacho, vuelve a salir, toca unas notas en el piano, garabatea algo y regresa al despacho».

DÓNDE ORGANIZAR UN CONCIERTO ILEGAL

- En Wall Street.
- En estructuras físicas (andamios de construcción, farolas, tejados).
- En el aire (por globo aerostático, cuerda floja, helicóptero).
- Entre las llamas (soplando fuego o bailando entre hogueras).

- En sedes gubernamentales (comisarías de policía, edificios públicos).
- En una calle que cortes con cubos de basura.
- En instalaciones militares (como en el musical *Hair*).
- En el bosque.
- En un barco (como los Sex Pistols por el río Támesis en 1977).
- En las cárceles.
- En centros psiquiátricos (Nina Hagen toca mucho en estos lugares últimamente).
- Interrumpiendo una clase universitaria.
- En el Pentágono.
- En las oficinas del FBI.
- En la Plaza Roja.
- En transportes públicos.
- En un tanque, delante de un tanque.
- En un submarino militar.
- Interrumpiendo un acto oficial.
- Durante una manifestación.

Hechos

LAS PUSSY RIOT EN LA IGLESIA

Cualquiera diría que el día en que cometes un delito por el que pasas dos años en la cárcel debiera tener algo de especial. Por mi parte, me sentí ridícula y cabezota, pero si he de ser sincera, así es como me siento todos los días, de modo que no hubo nada que me pareciera especial de aquel 21 de febrero de 2012.

Cuando llegamos a la catedral de Cristo Salvador de Moscú, no tuvimos la sensación de estar haciendo nada malo. Más adelante, y según nos dijo el tribunal, la policía, nuestro presidente, el patriarca de la Iglesia ortodoxa y diversos medios de propaganda rusa, lo que hicimos en la catedral fue una blasfemia, una felonía, un atentado en contra de Rusia… Habíamos declarado la guerra a los valores, las tradiciones y la moral nacional. Crucificamos a Jesucristo por segunda vez; vendimos nuestro país a Estados Unidos y dejamos que la OTAN lo hiciera pedazos. Eso fue lo que nos dijeron.

Desde luego, no era eso lo que pretendíamos cuando traspasamos las puertas de la catedral. Tampoco proyectábamos poner al Estado patas arriba. Era un día de invierno con viento, pero por lo demás todo parecía normal. Me sentía segura. Había oído de labios de mi gobierno que vivía en un país libre, por lo que podía entrar a cualquier espacio público y comunicarme con los poderes superiores siempre que quisiera. ¿O no?

Esa mañana, cinco mujeres ataviadas con medias y gorros de colores nos reunimos en la estación de metro Kropotkinskaya (nombrada así en honor del anarquista ruso Kropotkin).

Habíamos pasado las tres semanas anteriores ensayando para colocar las candilejas a toda velocidad y conectarlas a una batería portátil a la vez que montábamos el pie de micro y sacábamos las guitarras de las fundas. Sin embargo, por mucho que lo intentábamos, siempre tardábamos quince segundos en empezar a tocar, demasiado para nuestros planes.

«La meticulosa planificación de la actuación conjunta de los cómplices de la banda criminal, la cuidadosa organización de cada fase del delito y el uso de los útiles necesarios hicieron posible la consecución de todas las etapas del hecho previsto y el comienzo de su acto último», decretaba la sentencia emitida por el Tribunal del distrito de Khamovniki de Moscú con fecha de 17 de agosto de 2012.

Jamás pensé que un concierto pudiera llevarte a la cárcel, pero ya sabes, nunca se sabe. La vida está llena de incógnitas, por lo que no hay que dejar nunca de hacerse preguntas. Según consta en nuestra causa judicial, tras entrar a la iglesia comenzamos a «agitar [nuestros] cuerpos de forma endiablada, saltando, brincando, pataleando y sacudiendo la cabeza». Según la versión de mi padre, que estuvo con nosotras en la catedral: «Después de que Nadya se persignara en el suelo, un guardia se acercó para agarrarla, pero ella se zafó de él con agilidad y gesto infantil y salió corriendo como un conejo». La actuación duró cuarenta segundos. Después recogimos nuestras cosas y salimos de allí.

Al día siguiente, Putin y el patriarca mantuvieron una acalorada conversación telefónica. La Administración había marcado el número adecuado. La cuestión principal del caso Pussy Riot era quién se sentía más ofendido por nuestra plegaria punk, si Vladímir Putin o el patriarca. En palabras del presidente: «La Iglesia y el Estado están separados según la constitución, pero siempre estarán unidos en nuestros corazones y en nuestras mentes».

Durante el juicio, el juez dijo: «A través de sus actos, han tratado de devaluar de manera clara y marcada las tradiciones eclesiásticas y los dogmas religiosos que nuestro pueblo ha respetado y reverenciado durante siglos».

«La voluntad de Dios me ha sido revelada y sé que el Señor condena las acciones de Pussy Riot. Estoy convencido de que ese pecado será castigado tanto en esta vida como en la venidera», declaró el arcipreste Vsévolod Chaplin, portavoz de la Iglesia ortodoxa rusa. La ley de Dios, la más importante de todas, había sido violada por ese acto, ese pecado. Y según la Biblia, «la paga del pecado es muerte»; es decir, la condenación eterna en el infierno.

En general, pienso que nuestra actuación en la catedral de Cristo Salvador fue un auténtico bodrio. No pudimos lograr casi nada de lo que queríamos, y ni siquiera llegamos a cantar el estribillo de la canción. Tampoco grabamos el material suficiente para montar un buen vídeo, y fue todo bastante decepcionante. **Curiosamente, nos metieron en la cárcel por la peor de todas nuestras actuaciones.** Supongo que a Putin no debió de gustarle mucho, y diría: «¡Vaya una puta mierda! ¡Que las lleven a la cárcel!».

No era más que una plegaria. Una plegaria muy especial. En palabras de Squirrel, una de las Pussy Riot: «Putin, el mayor de los dictadores, le tiene mucho miedo a la gente. Más en concreto, le dan miedo las Pussy Riot: un grupo de jóvenes optimistas y positivas que no tienen miedo de decir lo que piensan». Destapamos la cara brutal y cruel del gobierno, pero no hicimos nada ilegal. **No es ilegal cantar y dar tu opinión.**

UNA PLEGARIA PUNK: VIRGEN MARÍA, LLÉVATE A PUTIN*

Virgen María, Madre de Dios, llévate a Putin
¡Llévate a Putin, llévate a Putin!
Sotana negra, charreteras doradas
Los feligreses se humillan en reverencias
El fantasma de la libertad en el cielo
El orgullo gay, a Siberia encadenado
El jefe de la KGB, su santo patrón,
Dirige a prisión a los disidentes escoltados
Para no ofender a Su Santidad
Las mujeres darán niños y amor
¡Mierda, mierda, la mierda del Señor!
¡Mierda, mierda, la mierda del Señor!
Virgen María, Madre de Dios, hazte feminista

- ¡Hazte feminista, hazte feminista!
- La alabanza de la Iglesia a dictadores podridos
- La procesión de cruces en limusinas negras
- En la escuela te espera un profesor-predicador
- ¡Ve a clase! ¡Llévale dinero!
- El patriarca Gundjaev cree en Putin
- Pero ¡deberías creer en Dios, putón!
- El cinturón de la Virgen no sustituye a un mitin
- ¡María, la Madre de Dios, se nos une en la protesta!

* Traducción de Esther Cruz Santaella. *Desorden púbico. Una plegaria punk por la libertad*, Malpaso Ediciones.

La gente ya no la llama catedral de Cristo Salvador, sino la iglesia de Pussy Riot, pero también el centro comercial de Cristo Salvador. Si quieres, tienes la opción de alquilarlo como sala de conferencias sagrada, espacio para ruedas de prensa y pabellón de conciertos con zona VIP. En el sótano que hay debajo del altar se encuentra la zona de restaurantes, una lavandería y un lavadero de coches para ricachones. También alberga una marisquería. Los turistas pueden comprar huevos de Fabergé a 150.000 rublos la pieza, y se venden bastantes *souvenirs*. Y puesto que nadie la supervisa ni le impone cargas fiscales, la Iglesia ortodoxa rusa ha optado por empezar a comerciar con baratijas de oro árabe. «Si quieres estar seguro de que tu negocio irá bien, ven con nosotros.» Eso leí en la página web de aquel «lugar sagrado».

Cirilo, el patriarca de la Iglesia ortodoxa, al que se conoce por su negocio de importación de cigarrillos y su supuesta fortuna de cuatro mil millones de dólares, se dedicó a criticar el activismo de la clase obrera antes de las elecciones. «El pueblo ortodoxo es incapaz de acudir a esas manifestaciones. Nuestra gente no acude a manifestaciones. En lugar de elevar la voz, oran en la tranquilidad de los monasterios, las celdas monacales y los hogares», dijo Su Santidad. Además, el patriarca apoyaba a Putin descaradamente, refiriéndose a él como el presidente de Rusia antes de las elecciones y afirmando que había «solventado un error histórico». Si Putin ha solventado algo, habrá sido el bolsillo de sus secuaces; por ejemplo, el de Su Santidad Cirilo.

Así pues, el único delito que cometieron las Pussy Riot fue el de no haber alquilado un salón de la catedral de Cristo Salvador. El sitio web de la iglesia ofrece una lista con precios de sus instalaciones. Cualquier político o empresario rico que lo desee puede celebrar un banquete en la catedral, por el mero hecho de ser hombre, tener dinero y no oponerse a Putin. Esos son los tres secretos del éxito en Rusia.

En cierta ocasión, alguien le preguntó a san Francisco de Asís si había pensado en casarse alguna vez. Su respuesta fue: «Sí, con la esposa más bella que hayáis visto jamás». Dicha esposa era la pobreza. Jesucristo entró en el templo, echó de allí a los mercaderes y volcó las mesas de los prestamistas. Jesucristo no vendía baratijas ni gestionaba un lavadero de coches. La iglesia que tenemos está podrida, se ha vendido y es corrupta. Y si tienes ojos, te darás cuenta de ello.

> Si Jesucristo resucitara hoy en Rusia y predicara las mismas enseñanzas que antes:
>
> 1. sería considerado un «agente extranjero»;

2. sería condenado a treinta años de cárcel por incumplir la ley de manifestaciones públicas;
3. sería condenado a seis meses de cárcel por herir la sensibilidad de los creyentes;
4. sería condenado a prisión sin libertad condicional en aplicación del artículo 282 del Código Penal («Incitación al odio o la discriminación por motivos de sexo, raza, nacionalidad, idioma, procedencia, inclinaciones religiosas o por formar parte de determinado grupo social, si tales actos se cometen en público o a través de los medios de comunicación»);
5. sería condenado a cuatro años y medio de cárcel por participación en disturbios;
6. sería condenado a quince años de cárcel por extremismo;
7. sería golpeado con una porra en la cabeza.

Héroes

LOS YES MEN

Si hay unas superestrellas de ese espacio en el que el arte y la política colisionan con la ironía y la subversión, son los Yes Men. Estos activistas destrozan a sus víctimas haciendo declaraciones públicas perfectamente creíbles que solo revelan el alcance devastador de su sátira cuando te paras a pensarlas un momento.

Conocí a los Yes Men en el transcurso de una gala benéfica en Berlín, una de esas cenas a las que invitan a famosos y eso. Se suponía que las Pussy Riot iban a dar un discurso. Allí nos sentamos con los bolsos llenos de droga junto al ministro de asuntos exteriores de Alemania, y en general resultó una velada un tanto extraña.

Nuestro encuentro se produjo cuando me topé con un gigantesco oso polar entre bambalinas. El oso tenía algún problema con las autoridades y los guardas de seguridad intentaban echarlo. Un hombre llamado Igor Vamos discutía con ellos. Debajo de la piel del oso había dos personas desnudas y sudorosas. Su plan consistía en subir al escenario, salir del traje y hablar acerca del cambio climático y el deshielo de los polos. ¿Que por qué iban desnudos? ¿Y por qué no? Los animales van desnudos.

Por supuesto, no nos lo pensamos dos veces y nos pusimos de parte del oso. Entonces hablamos con Bianca Jagger, quien también se convirtió en su firme defensora y dijo que el oso tenía razón y que debíamos ocuparnos del cambio climático. ¿Y acaso no es cierto? Sin embargo, en aquel momento, nuestro apoyo no fue suficiente. Los seguratas eran imbatibles y el oso no llegó a pisar el escenario. Pero las Pussy Riot conocieron a los Yes Men.

Cada vez que pienses en llevar a cabo actos de protesta y otras gamberradas, recuerda cuántas de estas acciones fueron ensayadas y cuidadosamente planificadas para que las autoridades acabaran impidiéndolas en el último momento. Según mi propia experiencia, la cifra se acerca al cuarenta por ciento del total. Tal vez deberíamos hacer un catálogo donde se describan todas las protestas artísticas que proyectamos y suspendió la policía y el FSB.

Los Yes Men son Jacques Servin, Igor Vamos (el hombre que acompañaba al oso) y un montón de amigos y seguidores que prefieren mantenerse en el anonimato. Llevan veinte años realizando actuaciones y han hecho varias películas estupendas, como *The Yes Men* (2003), *The Yes Men Fix the World* (2009) y *The Yes Men Are Revolting* (2014). Una vez anunciaron un supuesto producto de la petrolera Halliburton llamado SurvivaBall que ofrecía protección contra los desastres naturales provocados por el cambio climático. Imprimieron su propia edición falsa del *New York Times*, con fecha del 4 de julio de 2008, de la que se repartieron 80.000 ejemplares entre los habitantes de Nueva York y Los Ángeles. En el periódico se imaginaba un futuro alternativo que ya estaba aquí, con titulares como «El fin de la Guerra de Irak» o «El país se centra en la creación de una economía sensata». El lema de la portada rezaba: «Todas las noticias que queremos dar». Incluía artículos acerca de la sanidad pública universal, un salario máximo para los empresarios y una entrevista con George W. Bush en la que se acusaba a sí mismo de traición por las medidas que había tomado durante su mandato.

En el año 2004, Servin apareció en la BBC caracterizado como un representante de Dow Chemical para anunciar que la empresa iba a indemnizar con doce mil millones de dólares a las incontables víctimas del desastre que se produjo en la fábrica india de Bhopal en 1984, que es lo que tenía que haber hecho la Dow de verdad. La reacción del mercado financiero no se hizo esperar y las acciones de la compañía experimentaron una caída astronómica. ¡¿Cómo?! ¿Dar dinero a las víctimas que se lo merecen? ¡De eso nada!

Jacques Servin ejerce de profesor en la Escuela de Diseño Parsons de Nueva York; Igor Vamos imparte clases de comunicación audiovisual en el Instituto Politécnico Rensselaer. En 2014, los estudiantes del Reed College invitaron a Vamos, antiguo alumno de la institución, a pronunciar el discurso inaugural. Durante ese discurso, y con el respaldo de un comunicado de prensa, Vamos anunció que la universidad iba a cancelar su inversión de 500 millones de dólares en combustibles fósiles. No era cierto, pero los estudiantes estaban presionando a los administradores para que así fuera.

REGLA N.º 6

Detecta los abusos de poder

(Podemos identificar abusos de poder específicos y denunciarlos a ojos de todos.)

> Primero vino la civilización griega. Luego llegó el Renacimiento. Ahora entramos en la Edad del Asno.
> JEAN-LUC GODARD, *Pierrot el loco*

> ¿Presidente? Mi dedo gordo del pie podría hacerlo mejor.
> ALEXANDER MACKENDRICK, *Chantaje en Broadway*

Palabras

ROBA, ESTAFA, MIENTE (TODOS LO HACEN); O ¿QUIÉN ES EL SEÑOR PUTIN Y QUÉ TIENE QUE VER CON EL SEÑOR TRUMP?

Si medimos el éxito de un político por su capacidad para reflejar las tendencias mayoritarias de su tiempo, no cabe duda de que Trump y Putin se encontrarían a la cabeza de todos. Ambos logran reflejar los peores impulsos de la sociedad actual: son codiciosos, inmorales y despiadados.

En su ensayo *¿Cómo terminará el capitalismo?*, el sociólogo alemán Wolfgang Streeck asevera: «Las élites oligárquicas, aunque pueden estar en desacuerdo en casi todo lo demás, están firmemente unidas en su deseo de preservar su riqueza».

Si me preguntaran qué es lo que le diría al presidente Putin si tuviera la oportunidad, respondería que no tengo ganas de hablar con él. En mi opinión, sería una pérdida de tiempo. Putin, el hombre que ha manipulado la ideología rusa actual, ni siquiera posee una serie de valores coherentes. «No puedo imaginarme a mi país aislado de Europa», declaró en una entrevista con la BBC en marzo del año 2000. Tampoco le importó formar parte de la OTAN. Hoy por hoy, el antagonismo con Europa, Estados Unidos y la OTAN parece ser su pasatiempo favorito en el patio de recreo que es para él la política mundial.

Es posible que su única idea fija sea el expolio del pueblo ruso. Como antiguo agente de la KGB, Putin simplemente carece de creencias. A su parecer, los que creen en algo son susceptibles de ser sobornados o intimidados, por lo que son vulnerables. Además, uno no puede armarse a base de creencias. El dinero, la cárcel o una pistola pueden neutralizar cualquier «convicción» que le echen.

Putin sigue siendo un agente de la KGB corriente y moliente, lo que por paradojas de la vida ha resultado ser el secreto de su éxito. Se trata de un hombre que amasó una cantidad pasmosa de poder por pura casualidad. Los oligarcas lo nombraron en el año 2000 porque creían que sería su marioneta. Y lo creían porque Putin es un ser humano que no tiene nada de excepcional.

Es mezquino, despiadado, rencoroso, incapaz de amar y perdonar e increíblemente inseguro. También es nervioso, sobre todo cuando intenta ocultar su trepidación bajo una bravuconería hipermasculina. La confianza, la compasión y la empatía son emociones de segunda clase en el mundo de Putin (es decir, en el mundo de un agente de la KGB).

Una vez me contaron una anécdota acerca de la KGB que creo que puede ser cierta.

Después de haber superado los exámenes básicos, se les dice a los candidatos que deben pasar una última prueba tras la que serán reclutados. Cada uno de ellos es llevado a una habitación en la que espera su mujer. Allí, el examinador les entrega una pistola y dice: «Si entras y le pegas un tiro a tu mujer por el bien de la madre patria, el trabajo es tuyo».

Todos se niegan a excepción de un hombre. Se oyen disparos desde la habitación, seguidos de gritos, golpes y sonidos de lucha. El candidato sale entonces de la habitación y recompone su atuendo.

«Las balas eran de fogueo, así que he tenido que estrangularla», explica.

Putin nunca se permitiría abrirse a lo creativo o intelectual. Es un agente bien adiestrado. Considera que cualquier cosa que pudiera volverlo vulnerable emocionalmente sería dañina para él. Por lo tanto, tener corazón es dañino para él.

Es un profesional de la corrupción de almas a cambio de bienes materiales, oportunidades y, si es preciso, a través del miedo. Putin cree que en el fondo no existen las buenas intenciones ni la honestidad. Los agentes pragmáticos, listos y eficaces no permiten que el sentimentalismo afecte a su productividad. ¿Os acordáis del protagonista de *El conformista* de Bertolucci? Este personificaba la banalidad del mal. Era un oportunista miserable e insignificante que sin embargo contaba con el poder necesario para destruir mundos más perfectos y sofisticados que él mismo. Si una flor llegara a sus manos, la destrozaría, dado que su belleza le resultaría ajena e intimidante.

Putin afirma ser una persona religiosa, pero no lo es. Igual que la mayoría de los republicanos de Estados Unidos, quienes anulan los derechos y las libertades en nombre de Dios. Si abrieran el Nuevo Testamento y lo leyeran de verdad, descubrirían que Jesucristo se pondría a vomitar al ver lo que están haciendo.

Putin condenó a las Pussy Riot por bailar en una iglesia y proteger los derechos de las mujeres, y prometió salvar a la cristiandad de las brujas demoniacas como nosotras. **Por lo visto, Putin no tiene ni puta idea de la historia de los primeros cristianos, porque si no sabría que Jesús y sus discípulos no eran césares, sino rebeldes.** Es incapaz de concebir las virtudes que constituyen la base de toda religión pura: la entrega, el sacrificio y un deseo incondicional de verdad y justicia. Putin solo entiende la clase de religión institucional que le resulta más segura, cómoda y burocrática para confirmar el statu quo.

Para él, la religión es una fachada útil, una mascarada. Puede que ese sea el motivo de que parezca haber olvidado que procede de la KGB, la misma organización que persiguió, recluyó y asesinó a cientos de miles de soviéticos por el simple hecho de creer en Dios. Ahora se ha cambiado la careta y es amiguito de la institución profundamente corrupta e infecta que es la Iglesia ortodoxa rusa. Como queda claro, las fachadas son intercambiables. Nadie es irremplazable, como solía decir Stalin. O más bien: no hay nadie a quien no pueda fusilar para salvar mi pellejo.

En *1984*, George Orwell escribió: «El Partido quiere tener el poder por amor al poder mismo. No nos interesa el bienestar de los demás; solo nos interesa el poder. No la riqueza ni el lujo, ni la longevidad ni la felicidad; solo el poder, el poder puro. El objeto de la persecución no es más que la persecución misma. La tortura solo tiene como finalidad la misma tortura. Y el objeto del poder no es más que el poder». **Y el poder por el poder es un abuso por definición.**

Cada vez que intento pensar en las cualidades de Putin y no encuentro ninguna, me viene a la cabeza otro personajillo que conozco, de nombre Trump. Putin y Trump tienen muchos rasgos comunes (además de sus conexiones económicas y políticas y el hecho de ser peligrosamente corruptos y retorcidos). Ambos comparten la creencia de que la gente solo actúa motivada por sus intereses. Desconfían de la sinceridad e integridad humana, y calculan de forma fría y egoísta los réditos de cada transacción social. Creen que todas las relaciones deben ser negocios provechosos, y lo creen religiosamente. Trump tiene una obsesión maniática con la idea de ganar. Fue capaz de reducir todo el ancho mundo a la degradante alternativa de ser ganadores o perdedores. Putin, el agente de la KGB, también sabe que solo hay dos opciones: morir o matar. **En el mundo de Trump y Putin, la dignidad humana carece de importancia; lo que importa es el capital humano.** La dignidad no resulta rentable.

Vladímir Bukovski, un disidente que pasó doce años en hospitales psiquiátricos, campos de trabajo y prisiones soviéticas, dijo en una ocasión: «En general, es posible dividir a la humanidad en dos categorías, aquellos con los que compartirías una celda y aquellos con los que no». Creo que sería incapaz de compartir celda con alguien que considera a los seres humanos como números, peones a los que manipular en beneficio propio.

Hay una serie de leyes y normas para el uno por ciento de la población y otra para el noventa y nueve restante. Semejante contexto conduce a la explotación pertinaz tanto del «capital humano» como del medio ambiente en busca de ganancias a corto plazo, lo que deviene en cleptocracias, recortes en educación y sanidad a fin de enriquecer a inversores privados, atropellos de los derechos femeninos, aventurerismo imperialista y la demonización del otro.

El premio Nobel de Economía Joseph Stiglitz escribió un artículo para *Vanity Fair* en mayo de 2011 con el título de «Del uno por ciento por el uno por ciento para el uno por ciento», en el que aseveraba: «Un uno por ciento de la población se apropia de casi una cuarta parte del ingreso nacional, una desigualdad que aún los ricos acabarán por lamentar. En términos de riqueza más que de ingreso, el uno por ciento más rico controla el cuarenta por ciento… Hace veinticinco años, las cifras correspondientes eran doce por ciento y treinta y tres por ciento respectivamente. Entre nuestros colegas más cercanos se encuentran Rusia, con sus oligarcas [¿has visto?], e Irán… Los gobiernos podrían competir en proveer seguridad económica, bajos impuestos para los asalariados comunes, buena educación y un medio ambiente limpio, es decir: cosas que les importan a los trabajadores. Pero el uno por ciento de arriba no necesita preocuparse por tales cosas».

Tal y como lo expresa Bernie Sanders, el mayor problema de nuestra era política es que «ante un problema social, se financializa, privatiza y militariza». Los ricos manejan su propia versión de la lucha política. Esta se manifiesta a través de sus sucios entramados financieros, destrozando las vidas de sus oponentes y llegando a matarlos en ocasiones. Hallan maneras sinuosas de incumplir sus propias normas, o simplemente promulgan unas nuevas (uno de los truquitos favoritos de Putin).

En su *Tratado para radicales*, Saul Alinsky expuso:

«En este mundo las leyes se escriben con el elevado objetivo del bien común y se manifiestan en la vida sobre la base de la codicia común». Y como ya sabemos, los ricos saben organizarse de maravilla. Otra cosa en la que sobresalen las élites es en la preservación de su propia riqueza. «Todo el mundo tiene derecho a ser mi siervo», piensan. **Si nosotros, la izquierda (o «los de arriba» o «elevados» como dicen mis amigos a quienes no les gustan los contrarios binarios), los activistas progresistas, queremos enfrentarnos a ellos de algún modo, también debemos aprender a organizarnos.**

Cuando solo se rinde pleitesía al poder y al lucro, no queda lugar en el mundo para la amistad y la camaradería, ni para la confianza, el amor o la inspiración. Lo único que hay son alianzas empresariales o políticas, basadas en el reconocimiento del poder y la influencia de cada uno; es decir, firmemente asentadas en el miedo y la desconfianza mutua. En tal ambiente tóxico, perder el poder resulta terrorífico. Una vez pierdes tu red de seguridad, la caída al abismo es inmediata. **Quienes te lamían el culo ayer, disfrutarán de usar tu cráneo de cenicero hoy.**

FASCISTAS DE EXTREMA DERECHA

«El fascismo estaba en lo cierto, ya que derivó de una sana sensibilidad patriótica nacional, sin la que un pueblo sería incapaz de reclamar su existencia o de crear una cultura única.» La cita es de Iván Ilyin, el filósofo favorito de Putin, quien por su parte dice: «No es Rusia la que se encuentra entre Oriente y Occidente. Son Oriente y Occidente los que se encuentran a la izquierda o a la derecha de Rusia». **Para mi gusto, todo excepcionalismo imperialista es lo menos excepcional del mundo.**

Cuando le preguntaron a Noam Chomsky por el Brexit, Trump, Le Pen, el nacionalismo de la India y de todas partes, este confirmó que se trataba de un auténtico problema global. «Está muy claro, y era de esperar... Si impones políticas socioeconómicas que llevan al estancamiento o el declive de la mayoría de la población, socavas la democracia, le arrebatas el poder de decisión al pueblo, vas a despertar odio, descontento y miedo en todas sus formas... La gente se enfada porque pierde el control sobre sus vidas. Las medidas económicas les hacen más daño que otra cosa, y el resultado es la desilusión y la rabia.»

El plan es sencillo. Primero creas desigualdad y violencia estructural. Luego conviertes a los «otros» en chivos expiatorios para explicarlo. Después ofreces un patriotismo extremo y más privilegios a los privilegiados como solución. Y así obtenemos a Trump, el Brexit, Le Pen, Orbán, etcétera. Putin juega a lo mismo, explotando el complejo de rabia, dolor y empobrecimiento del pueblo ruso provocado por la maquiavélica privatización y desregulación de los años noventa. «¿Queréis volver a los años noventa?»; ese es su mejor truco. La misma historia de siempre: usar el miedo para obtener poder y dinero.

Todos somos víctimas de ese extraño malentendido por el que se considera que la política y nuestra vida cotidiana no están relacionadas. Allá por donde voy conozco a gente de distintos países que dice no estar interesada en la política porque no es algo que les toque en sus vidas. Interesante respuesta.

La profesionalización y el elitismo de la política han llegado demasiado lejos. La escisión del pueblo ha llegado demasiado lejos. Son las dos caras de una misma moneda, y puedes estar seguro de que esa moneda no es nuestra. Como era previsible, la situación no hace sino empeorar, porque cuanto menos participemos en acciones colectivas, menos creeremos en nuestro poder como individuos que pueden unir fuerzas y contratacar. A veces parece que la unidad solo es una forma de contar los productos que compramos.

«La sociedad no existe: solo hay individuos», decía Margaret Thatcher. En realidad, Noam Chomsky nos reveló que parafraseaba a Marx acerca de la represión que asolaba Francia en sus tiempos: «Así se forma la gran masa de la nación francesa, por la simple suma de unidades del mismo nombre, al modo como, por ejemplo, las patatas de un saco forman un saco de patatas... Meros individuos, una masa amorfa que no puede representarse». Para Marx, se trataba de algo censurable; en opinión de Thatcher, era el ideal. La sociedad no existe, solo consumidores escindidos.

Si pensamos que la política de nuestro país es cosa de los profesionales, empezamos a creer que las revoluciones y los cambios radicales también son cosa suya en lugar de nuestra. Como si existiera una especie de profesionales de la revolución, supongo. Creemos que podemos delegar en alguien para que nos salve el culo en cuestiones de política, igual que pagamos para que nos limpien la casa después de un fiestón, mientras agonizamos en la cama inflándonos a calmantes.

Pues no. **Podemos delegar el trabajo en fábricas horribles a otros, pero no podemos delegar el activismo político.** La falta de interés y compromiso nos ha llevado al punto donde nos encontramos, un momento de desesperación política y enajenación social, en el que la expresión «igualdad de oportunidades» ha empezado a sonar a chiste. No podemos limitarnos a traspasar la responsabilidad a los demás, ni a Bernie Sanders, ni a la Unión Estadounidense por las Libertades Civiles. No basta con eso. Bernie, la Unión y las Bikini Kill hacen lo que pueden, pero todos debemos ser un poco más como ellos si queremos lograr un auténtico cambio.

Debe de ser muy tranquilizador pensar que hay una entidad sabia y poderosa que cuidará de nosotros. Soy rusa, y nuestro pueblo siempre ha tenido un enorme deseo de dejarse llevar por el paternalismo. Creemos que llegará alguien para hacer del mundo un lugar mejor, pero lo normal es que no llegue. Y si lo hace, lo más probable es que sea un malnacido. **El poder absoluto saca la mierda más absoluta de cada uno.**

Otro par de consejos de uno de nuestros reformadores políticos más brillantes, Saul Alinsky: «No basta con elegir entre los candidatos, hay que seguir presionando. El desapego de las personas de las tareas cotidianas propias de la ciudadanía representa un fracaso de la democracia». Yo tiendo a creer en sus palabras.

Putin y Trump, esos hombres desprovistos de convicciones y creencias, han resultado ser los protagonistas perfectos del ciclo de noticias con las que nos machacan día tras día, haciéndonos pasar de la indiferencia a la histeria en bucle. El universo periodístico nos hunde en una sensación de profunda indefensión y derrota. No sabemos qué es verdad y qué es mentira, sobre todo cuando nos cuentan mentiras como si fueran verdades y viceversa. Recibimos un flujo constante de historias impactantes que nos hacen sentir decepcionados, aislados e impotentes. Pura desesperación. Desfallecimiento total. No es de extrañar que suframos crisis de ansiedad.

Me deprimo cada vez que enciendo el televisor. El mundo se está desmoronando y no sé cómo mantenerlo a flote. Dejarse abrumar por las malas noticias y conformarse va en contra de nuestros intereses, pues conduce a la frustración, la ira y la desesperación. **Lo que necesita todo ser humano es un conjunto de herramientas con las que superar el horror, y encontrarlas debería ser nuestra meta.**

Lo que me da esperanzas es el hecho de haber vivido una experiencia que me dice que podríamos darle la vuelta a ese desapego de la política. Nunca olvidaré el ambiente que se respiraba durante las multitudinarias manifestaciones en contra de Putin que se celebraron en Moscú en 2011. Todos nos sentíamos mutuamente agradecidos por haber salido de nuestras casas para crear un nuevo e impresionante animal político dotado de inteligencia que llenó las calles y plazas de fuerza positiva. Estábamos enamorados los unos de los otros, embriagados del mismo sentimiento que envuelve a todo el que participa en los grandes movimientos sociales por la emancipación.

Como nos cuenta el disidente soviético Vladímir Bukovski: «Descubrimos una gran verdad: el poder no se crea con rifles, tanques y bombas atómicas, ni puede apoyarse en ellos. El poder depende de la obediencia civil y lde a voluntad del pueblo para someterse».

Existen culturas gastronómicas, cinéfilas y literarias, pero también existe la cultura de la revolución, la capacidad de plantear preguntas incómodas, poner las cosas en duda y lograr cambiarlas. Esa es la cultura que debemos alimentar, porque hasta el presidente más bueno del mundo nos servirá un enorme truño en bandeja de plata, ya que aquí lo que se lleva es el «sálvese quien pueda».

Tal y como apunta el profesor belga de psicología clínica y psicoanálisis Paul Verhaeghe en su obra *What About Me? The Struggle for Identity in a Market-Based Society* [*¿Y yo qué? La lucha por la identidad en una sociedad basada en el mercado*], en 2012: «No se trata únicamente de hacer que cambie el "otro". En lugar de limitarnos a ser meros consumidores, debemos volver a convertirnos en ciudadanos: no solo desde las urnas, sino sobre todo en nuestra manera de vivir... Si queremos que la política actúe en favor del bien público —algo que resulta ahora más necesario que nunca—, debemos ser nosotros mismos quienes promocionemos ese bien público, en lugar de dejarlo en manos de intereses privados».

Verhaeghe señala la paradoja del individuo (pos)moderno, que sufre «un curioso caso de disociación, un nuevo tipo de personalidad múltiple»: somos hostiles al sistema al tiempo que nos sentimos incapaces de cambiarlo. Además, «actuamos de tal manera que lo reforzamos y ampliamos. Cada una de las decisiones que tomamos lo demuestra: lo que comemos o bebemos, la ropa que nos ponemos, cómo nos desplazamos, dónde vamos de vacaciones. Somos el sistema del que renegamos».

Erich Fromm distinguía entre dos formas de vivir: ser y tener. La existencia del «tener» es un producto de la sociedad de consumo, por la que se cree que el ser humano es un recipiente vacío que debe llenarse con distintas mercancías. Y cuando ese recipiente no se llena, surgen la ansiedad, la crisis y el desfallecimiento psicológico.

Cuando lees a Fromm te quedan claras muchas cosas al respecto de la oligarquía, el fascismo de los ricos y famosos, Trump y Putin. Por ejemplo, nos explica que el desarrollo del sistema industrial provocó un cambio radical de los valores de nuestra civilización. Con la industrialización, decía, llegó el culto al crecimiento económico y el lucro. Ya no deseábamos ser, sino tener, alcanzar la satisfacción de todos los placeres y apetitos (el hedonismo radical), cuyo resultado era el egoísmo, la mezquindad y la avaricia.

Fromm publicó un libro llamado *El arte de amar*, en 1956, donde sostiene acertadamente: «El hombre moderno se ha transformado en un artículo, experimenta sus fuerzas vitales como una inversión que debe producirle el máximo de beneficios posible en las condiciones imperantes en el mercado. Está enajenado de sí mismo, de sus semejantes y de la naturaleza... La vida carece de finalidad, salvo la de seguir adelante, de principios, excepto el del intercambio equitativo, de satisfacción, excepto la de consumir».

Me preocupa el culto que se rinde al crecimiento económico. ¿Por qué se cree que debamos crecer hasta el infinito y más allá? No somos patitos ni unicornios hinchables. Samuel Alexander, investigador del Sustainable Society Institute de Melbourne, afirma: «Lo cierto es que, en el caso de los países desarrollados, el crecimiento económico continuado como se suele entender resulta incompatible con la estabilidad climática. Si queremos un clima seguro, deberíamos entrar en una fase de contracción económica planeada o decrecimiento. No es suficiente con producir y consumir de manera más eficiente y pasarse a las energías renovables, por muy necesarios que sean estos cambios. También debemos producir y consumir menos, una conclusión que muy pocos se atreven a pronunciar». Tenemos que encontrar una manera de adoptar una alternativa estable al crecimiento desmesurado.

Necesitamos un cambio de valores y de paradigma. **La felicidad es más valiosa que el crecimiento económico y la riqueza, tanto en escala planetaria como histórica.** Estoy segura de que, si todavía se puede cambiar algo, no será por obra y gracia del gobierno ni del uno por ciento, sino algo que exijan los movimientos populares.

Aleksandr Solzhenitsyn dijo: «Así, el mundo es más transcendental que el cemento. El mundo no es una pequeñez sin importancia. De este modo, las personas nobles comienzan a crecer, y sus palabras romperán el cemento». Cuando soy débil, me vuelvo fuerte. Igual que Solzhenitsyn, creo que el mundo terminará rompiendo el cemento. Sin embargo, para lograrlo precisamos de una mayor democracia, y cuando digo «democracia», me refiero a «democracia directa». **Me parece absurdo y muy triste que, a pesar de la propagación de Internet por todas partes, sigamos sin contar con métodos más eficaces para participar directamente en las decisiones políticas de cada día.** Nuestros sistemas políticos mantienen una estructura por la que se hace como si no existiera Internet. Las autoridades no pueden garantizar la integridad del proceso electoral. De hecho, a muchos republicanos les interesa más privar del voto a la gente que asegurar unas elecciones libres y justas. Escogemos a nuestros representantes cada cuatro o seis años, tras lo que pueden hacer lo que les dé la puta gana, desde aceptar sobornos de los grupos de presión y destruir la infraestructura pública hasta lo que es más grave, destruir el planeta. Pero no esperes que nadie vaya a entregarte el derecho a participar en la democracia moderna. Los hermanos Koch y los colegas de Putin, los oligarcas como los Rotenberg, harán todo lo posible para que no lo obtengas. Por eso tenemos que arrebatárselo.

«La ciudadanía no debe limitarse al sometimiento a quienes le otorgamos la autoridad de forma democrática, sino tener el valor de asumir dicha autoridad cuando la situación lo requiera.» En sus últimas conferencias, Michel Foucault insistió en la necesidad de la parresia, la audacia al hablar (una de las ideas favoritas de Diógenes). Al hilo de este concepto, Paul Verhaeghe hace el siguiente comentario: «Tenemos la tendencia a interpretar la parresia torpemente, por ejemplo, poniendo a la Iglesia católica a caer de un burro, o soltando diatribas en foros de Internet (bien cargaditos de exclamaciones)».

Algunos dirán que bastaría con arreglar nuestras vidas privadas, pero eso sería como hacerse la cama en el *Titanic* cuando el barco ya se ha hundido. Si ponemos a unos cabrones egoístas al mando, el futuro nunca será de color de rosa. Debemos controlar a quienes abusan del poder en nuestro nombre. Tenemos que recuperar el poder.

El antiguo culto a la personalidad que se practicaba bajo el comunismo sigue vivito y coleando en Corea del Norte. Si quieres referirte por escrito a su anterior dirigente, Kim Jong-il, has de usar uno de sus numerosos títulos y una tipografía especial. Puede hacerse con letras grandes y llamativas (**Glorioso Líder Kim Jong-il** bla-bla-bla) o con una fuente distinta y chocante (PADRE DEL PUEBLO KIM JONG-IL bla-bla-bla).

Aunque las expresiones siguientes suelen emplearse para denominar a Kim Jong-il, también nos valen para cualquier fantasía paternalista acerca de una figura todopoderosa que vaya a salvarnos. Si queremos la salvación, más nos vale ponernos manos a la obra y salvarnos nosotros mismos, ya que, como afirmó Maya Angelou, «Nada funcionará si no lo haces tú».

Lista de personas que no necesitamos:
Ser Superior
Amado Líder
Venerado Líder
Sabio Líder
Brillante Líder
Líder Supremo
  Querido Líder, la perfecta encarnación de cómo debe ser un líder
Padre del Pueblo
Luz Guía
Jefe de las Fuerzas Armadas Revolucionarias
Adalid de la Patria Unida
Padre de la Nación
Adorado Padre
Líder del Partido, el Ejército y el País
Comandante Férreo e Imbatible
Gran Sol de la Nación

- Líder Mundial del siglo XXI
- Hábil Estadista
- Gran Hombre, Descendido del Cielo
- General Invencible y Triunfador
- Estrella que nos guía noche y día
- Prohombre y Hombre de Hechos
- Salvador
- Cerebro de la Revolución
- Encarnación Superior de la Camaradería Revolucionaria

Hechos

ARRÁNCATE LA LENGUA A MORDISCOS

Deja que te cuente lo que sucede después de un abuso de poder. Por ejemplo, al realizar detenciones por motivos políticos.

—¿Qué digo si me pegan durante un interrogatorio? —pregunto.

—Debes decir que no está bien pegar a la gente —me recomienda un abogado—, y aguantarte.

—¿Eso es todo?

Corría el año 2012, una semana antes de nuestra detención. Las Pussy Riot se han reunido en una cafetería moscovita, con sus mochilas a reventar y los ojos enrojecidos tras un par de noches en vela. Ya sabemos que el Estado ruso ha decidido detenernos y procesarnos por un delito punible con una pena de prisión de siete años. La causa judicial está abierta y nos hemos dado a la fuga. Intento hacerme a la idea de que voy a ir a la cárcel. Me atiborro a pasteles.

—Si te pegan, di que te arrancarás la lengua antes que testificar.

—¿Cómo? ¿Que me arrancaré la lengua... a mordiscos?

—Sí, que te arrancarás la lengua a mordiscos.

—Pero ¡si yo no pienso hacer eso!

—Bueno, pero tú dilo como si fuera verdad.

Todas miramos a la mesa.

—Podemos probar a darnos con botellas en la cara para ver si duele —propone una amiga.

—Ahora no. Asustaríamos a la gente.

—Pues vamos fuera. ¿Qué pasa? ¿Crees que tienes tiempo de sobra para prepararte?

Al día siguiente huimos de la policía en dirección al campo y acabamos en un paraje solitario en el que la nieve blanca crujía bajo nuestros pies. Si descendías desde la colina donde se alzaba la casa hasta el margen de un arroyuelo, podías oler el humo de los hornos rusos y oír los ladridos de los perros tras viejas cercas de madera.

Entramos en el apartamento, caemos rendidas al suelo y nos quedamos mirando al infinito.

—Será mejor que durmamos.

—Sí.

Nos acurrucamos las cinco en una cama de matrimonio y dormimos amontonadas como los perros cuando hace frío.

Pasamos dos días en el campo. Por las mañanas bajaba por la colina para correr por la ribera del río. Para calentar, practicaba movimientos de boxeo y daba patadas al aire delante de viejos edificios de ladrillo que se caían a pedazos, antiguas fábricas de los distantes tiempos de la Unión Soviética. Aspiraba el aire rural con ansias y me mareaba un poco, a lo que respondía saltando y golpeando el vacío con más fuerza.

A pesar del frío, el riachuelo que fluía al pie de la colina no se congelaba nunca a causa de los vertidos tóxicos que se arrojaban en él. En un momento me detuve encima del puente y me puse a escuchar los sonidos que me rodeaban. Entonces fui consciente de las casas de madera, de los abetos, de los perros que ladraban, del olor de las estufas de leña, del sol, de la nieve cegadora y del agua que corría entre las piedras. «¿Y si no volviera a ver este sol y este río en muchos años? —pensé, columpiando la pierna—. Tengo que reunir fuerzas y empaparme de luz y calor mientras pueda.»

Me quedé inmóvil, como un diente de león que se gira para mirar al sol. «Si al final acabo en la cárcel, sé que volveré aquí algún día, a este puente, porque es mi río, mi aire y mi mundo, y ninguna rata podrá arrebatármelo.» Eso fue lo que pensé mientras esperaba a que me detuvieran, de pie sobre aquel puente.

Cuando el Estado tomó la decisión de encarcelarnos, no éramos políticas profesionales, revolucionarias ni integrantes de una célula terrorista. Éramos artistas y activistas, tal vez un poco ingenuas y directas, como suele ser habitual entre los artistas. Cuando nos pusieron las esposas, teníamos más aspecto de personajes de Woody Allen que de *Salt* o *Tomb Raider*. Más que temer a nuestros captores, nos reíamos de ellos. De hecho, nos partíamos de risa al pensar en lo absurdo de la situación: un amplio equipo de agentes bien entrenados y bien pagados, dedicándose a perseguir a un grupo de jovencitas gamberras con las caras cubiertas con ridículos gorros de colores.

Nosotras, las cinco mujeres que cantamos la Plegaria Punk, nos sentábamos envueltas en nuestros sacos de dormir para beber café a la vez que nos hacíamos a la idea de que cada trago podía ser el último que tomáramos en libertad. Al cabo de algunos días, una hora antes de mi detención, me pinté de rojo las uñas de las manos y de los pies, me peiné el pelo y me puse un pañuelo de lunares azul y blanco en la cabeza. Luego salí de casa en busca de un regalo para mi hija Gera, que cumplía años al día siguiente, el cuatro de marzo. Su padre Peter y yo ya le habíamos comprado una familia de diminutos tejones de juguete (la madre, el padre, la hija y el hijo), a los que tuvimos que encontrarles muebles y una cocina, además de una familia de erizos para que fueran amigos.

Entonces, diez agentes de paisano se abalanzaron sobre Peter y sobre mí junto a las puertas de cristal de una estación de metro.

—¡Alto! ¡Las manos contra la pared!

Uno de ellos lanzó a Peter contra la pared.

—¡Quédate ahí, canalla!

Y me llevaron a rastras.

Al rato nos dejaron en una comisaría de policía local. Los agentes mostraron unas placas del MUR, el Departamento de Investigación Criminal de Moscú. Iban en chándal y zapatillas Adidas y medían un metro ochenta.

En un momento dado, arranqué la hoja de mi libreta en la que estaba apuntada la contraseña del buzón de las Pussy Riot, la arrugué y me la tragué. El papel se me quedó pegado a la garganta.

—¿Puedo beber un poco de agua? —pedí.

—¡Tú no te mereces ni eso, zorra! —replicó un agente del MUR.

Mi reacción fue cubrirme la cabeza con la capucha y tenderme en un banco de la comisaría. No tenía muchas ganas de charlar con los tiparracos del MUR y aún me quedaba un largo camino que recorrer. Debía reservar las fuerzas.

—¡Acostúmbrate a estar sentada, zorra!

Otro agente, también de chándal, me agarró y me obligó a incorporarme. Entonces saqué un libro de mi mochila.

Peter logró hacer una llamada de cinco segundos a un abogado desde su teléfono. Los policías, cabreados por no haberlo controlado, le confiscaron el teléfono y separaron sus piezas.

Uno de los agentes del MUR de Moscú me miró con semblante malévolo.

—Mírala, la muy guarra hace como si leyera.

—Estoy leyendo —repuse. Acto seguido, le dirigí una sonrisa y me recoloqué el pañuelo de lunares.

Siempre que me encuentro en una situación psicológicamente difícil, me pongo a leer. Y da resultado, porque aún no he tenido un ataque de ansiedad en toda mi vida. Cuando Trump ganó las elecciones, me tiré dos meses leyendo. Aquello sí que me superó totalmente.

RECUPERA LAS CALLES

Las calles son nuestras venas. Las paredes, la piel. Los tejados y las ventanas, los ojos. Los árboles son los pulmones. Los bancos son nuestros traseros. El tráfico es un eructo. Nos convertimos en las ciudades que habitamos. Y sin embargo, no participamos en ninguna de las decisiones que se toman acerca del aspecto que tendrán, una contradicción que clama al cielo. ¿Por qué va a decidir alguien el aspecto de mi ciudad solo porque sea rico y yo no?

Cuando vives en la ciudad, tu bienestar depende más de la calidad de los espacios públicos que de tus propios muebles. Me encantan las ciudades con muchos grafitis; exudan vitalidad y una energía sexual de tipo animal. Cada ciudad es un dragón de mil caras, y eso debería reflejarse en sus calles. Si solo vemos las huellas de los multimillonarios y las corporaciones, es porque el dragón está enfermo y necesita que lo atienda un médico anarquista venido del cielo. No entiendo esas ciudades que se dejan tomar por las tiendas; parecen centros comerciales donde solo van los zombis. Y no me gusta no poder sentarme en el suelo cuando me apetece.

«Parece que estuvieras pasando el rato», me dicen los

guardas, y tienen razón. Para mí, la vida es eso, pasar el rato aquí y allá, ir dejando huellas. Recuperar las calles, embellecerlas, hacerlas únicas, controvertidas, peculiares. Las calles son una conversación abierta continuada, y también son relaciones abiertas.

El movimiento Ocupa Wall Street fue uno de los acontecimientos más estimulantes de lo que llevamos del siglo XXI. Cuando supe de su existencia, no me lo podía creer. El uno por ciento también entendió su importancia e hizo lo posible por anular aquella magia.

Era el 6 de mayo de 2014 y estábamos a punto de comparecer ante el Congreso de Estados Unidos en Washington, cuando nos enteramos del caso de Cecily McMillan, el atropello más grave de todos los que se cometieron en contra de los manifestantes de Ocupa Wall Street. Cecily McMillan fue acusada de un delito de agresión en segundo grado después de haber sido detenida por un agente de la Policía de Nueva York. Según ella, alguien la agarró por la espalda y le manoseó el pecho, ante lo que reaccionó dando un codazo en la cara de su agresor. Sin embargo, el policía contradijo sus palabras y el jurado le dio la razón, por lo que Cecily podía enfrentarse a una pena de siete años de cárcel. Las Pussy Riot también nos enfrentamos a siete años a causa de nuestras protestas.

Se suponía que íbamos al Congreso para reclamar más atención sobre la situación de los derechos humanos en Rusia, pero nos quedamos tan conmocionadas al conocer la historia de Cecily —a quien consideramos una prisionera política estadounidense—, que decidimos ampliar nuestro discurso para incluirla a ella, primero ante el Senado y luego en una rueda de prensa desde Capitol Hill, el barrio donde se asienta el Capitolio. En lugar de llamarlo Capitol Hill, terminamos llamándolo Capitol Hell, en un juego de palabras entre *hill* (colina) y *hell* (infierno).

Al cabo de unos días, el 9 de mayo, conocí a Cecily McMillan en el centro penitenciario Rose M. Singer de Rikers Island, la isla neoyorquina que contiene diez cárceles con capacidad para albergar a 15.000 presos. Cecily posee un carisma político excepcional, una cualidad de la que por desgracia no pueden presumir todos los activistas. Cecily se opone a la indiferencia social y sus intereses se centran en el voluntariado, la solidaridad y la consideración mutua hacia los problemas ajenos, nada de lo cual se pudo ver durante su juicio.

El juez que presidía el caso, Ronald Zweibel, estuvo de parte de la fiscalía desde el principio: una y otra vez le prohibió a la defensa que mostrara pruebas de que el codazo de Cecily al policía podía haber estado justificado. Por un lado, el uso de la fuerza para disolver a los manifestantes de Ocupa no fue un hecho aislado, y por otro, Cecily insistía en que había reaccionado frente a una agresión sexual. No obstante, el juez denegó el acceso del jurado a esa información durante el procedimiento. El 5 de mayo la declararon culpable.

Pese al hecho de que más tarde nueve de los doce miembros del jurado escribieron al juez para pedir su excarcelación, Cecily podía ser condenada a siete años de prisión. El día de la sentencia, el jurado desconocía el cargo que se le imputaba y el hecho de que este conllevaba una pena de cárcel. El cambio de opinión de los miembros del jurado me recuerda a una cita de Lucas 23:34: «No saben lo que hacen». El destino de Cecily McMillan es un ejemplo perfecto de por qué es necesario el activismo: la incapacidad del jurado para aceptar los problemas de la acusada como propios y dedicarles tiempo y atención durante su juicio terminó llevándola a la cárcel.

Fui a visitar a Cecily en Rikers Island con Masha y Peter, otros integrantes de Pussy Riot, y creo que es la prisionera más feliz que he conocido nunca. Allí nos contó con orgullo que una de sus mejores virtudes era su capacidad para comunicarse con personas de distintos grupos y categorías sociales. Su objetivo último consistía en hallar puntos de contacto entre sectores sociales cerrados y crear una plataforma para la acción colectiva. A lo largo de su vida, Cecily se había integrado en estratos totalmente opuestos de la sociedad estadounidense, pasando de un nivel de lenguaje a otro y de unas experiencias a otras. Era allí precisamente donde radicaban sus intereses: en dominar esas «otras lenguas», comprender los círculos sociales ajenos al suyo y conocer las experiencias de los demás.

Cecily pretendía recuperar poco a poco el diálogo social perdido entre el uno por ciento, quienes básicamente lo poseen todo, y el noventa y nueve restante que debe vivir a su sombra. Asimismo, se oponía a las políticas del gobernador de Wisconsin Scott Walker, quien, a fin de reprimir las protestas de los sindicatos, diera luz verde a la detención de cientos de personas cuyo único delito había sido cantar delante del capitolio del Estado. (Después de haber pasado dos años en la cárcel por cantar acerca de Putin, sigo sin entender cómo se puede detener a alguien por una canción.) Si el objetivo de Walker era acallar el sonido de voces indeseables, el de Cecily era devolver esas voces al pueblo que había sido privado de ellas.

El caso de Cecily McMillan es un reflejo de la política global. El veredicto del juez Zweibel marcó un nuevo y peligroso curso en Estados Unidos y los países bajo su influencia indirecta. Tras visitar a Cecily en prisión, me hice una pregunta: «¿Podría el juez Zweibel desligarse de tales prácticas, reconocer su error como un verdadero patriota y revocar un precedente judicial tan vergonzoso?».

P. D.: Cecily salió de la cárcel a los tres meses, con cinco años de libertad provisional.

Y

Salgamos a la calle y recuperemos lo que es nuestro. Las plazas, las esquinas, los patios, las orillas, los ríos: todos son públicos. También lo son la educación, la sanidad, el transporte y los recursos naturales. No debemos olvidarlo.

Hay señales más que suficientes de que el cambio está próximo; la gente está dispuesta a entregar su tiempo, su energía, su intelecto y su alma con tal de alcanzar sus sueños. El apoyo masivo de las fuerzas progresistas de todo el mundo resulta evidente para cualquiera (lo es para Jeremy Corbyn, el ganador del voto joven en el Reino Unido, para Bernie Sanders en Estados Unidos y para el partido Podemos en España). También lo es en Rusia, donde ha habido grandes protestas en contra de Putin y sus colegas oligarcas, en una impresionante campaña popular por un futuro alternativo para nuestro país.

«Individuos de todo el mundo se están alzando en contra de las políticas de austeridad y la excesiva desigualdad entre ingresos y riqueza —dijo Bernie Sanders durante la Cumbre del Pueblo de Chicago, justo después del sorprendente resultado del Partido Laborista de Corbyn en las elecciones británicas de junio de 2017—. La gente del Reino Unido, de Estados Unidos y de todas partes quiere gobiernos que representen al pueblo en su conjunto, y no solo al uno por ciento.»

Héroes

LOS HERMANOS BERRIGAN

Como activista, a menudo me preguntan: «¿Cuál es la causa que defiendes? ¿Por qué tendríamos que organizarnos?». Pues bien, tenemos razones de peso bastante razonables: necesitamos una democracia real, una mejor calidad de vida para el noventa y nueve por ciento restante, medios de comunicación gratuitos e independientes, más oportunidades, acceso a los medicamentos y la sanidad, y responsabilidad medioambiental. Sin embargo, hay ocasiones en las que una, como ser humano, se cansa de ser activista. Simplemente te cansas.

En esos momentos, puedes encontrar la inspiración en esas musas que caminan por la vida con elegancia, compromiso y valentía, luchando con educación y belleza pero sin concesiones. No se trata de personajes mitológicos ni productos de cuentos de hadas o milagros. Son reales. Mira a tu alrededor. Despréndete del dolor de hombros, deja que caiga al suelo y sal ahí fuera a emprender la marcha con tus musas. Haz un esfuerzo por hablar «el idioma más raro y poco probable: la verdad», como dijo Daniel Berrigan. Las personas como los hermanos Berrigan, Daniel y Philip, son las musas del activismo.

Philip Berrigan sirvió en el ejército de Estados Unidos durante la Segunda Guerra Mundial y se hizo sacerdote en 1955. Daniel Berrigan, intelectual y teólogo, lo hizo en 1952.

Daniel nos brinda uno de los mejores motivos que existen para mantener la motivación en lo referente a detectar los abusos de poder: «¿Cómo si no vamos a educar al hombre en la bondad, la solidaridad y el amor a la verdad? Y lo que es más urgente aún, ¿cómo lo hacemos en tiempos aciagos?» (cita extraída de la portada del *Times* del 25 de enero de 1971). Según relata en *The Nightmare of God: The Book of Revelation* [La pesadilla de Dios. El Libro de la Revelación]: «Tras un periodo determinado, no podemos ni imaginar otra realidad alternativa aparte de aquella bajo la que hemos sido esclavizados, ya sea educativa, legal, médica, política, religiosa o familiar. El contrato social se contrae, la socialización deviene en mero lavado de cerebro. Los métodos y estilos alternativos no se tienen en cuenta o no llegan a probarse». Como activista antibélico y el primer sacerdote que entró en la lista de los delincuentes más buscados del FBI, Daniel colaboró con su hermano Philip, con Howard Zinn y con Martin Luther King, encabezó manifestaciones y se resistió al imperialismo militar estadounidense durante la turbulenta época de la Guerra de Vietnam. Al cabo de toda su vida, Philip Berrigan cumplió once años de cárcel a causa de sus actos de protesta.

En 1967, Philip y sus camaradas (los Cuatro de Baltimore, dos católicos y dos protestantes, uno de ellos artista y otros dos exmilitares como Berrigan, quien fuera teniente de infantería) ocuparon la Junta de Servicio Selectivo, el lugar donde se llevaba a cabo el reclutamiento para el ejército, y derramaron sangre de pollo y humana a modo de sacrificio sobre los archivos, en protesta por «el vergonzoso derramamiento de sangre estadounidense y vietnamita en Indochina». Tanto Philip como los demás fueron arrestados por aquello. Su juicio tuvo lugar por las mismas fechas que el asesinato de Martin Luther King y los disturbios resultantes que se produjeron en Baltimore y otras ciudades. Fue condenado a una pena de seis años en una prisión federal, pero su actuación no violenta marcó el inicio de una serie de manifestaciones antibélicas más radicales.

«En la coyuntura actual, la palabra de la Iglesia debe tratar sobre la liberación de la muerte. A lo largo de numerosos juicios y encarcelaciones, creo que hemos aprendido algo acerca del precio que se debe pagar por dicha palabra», apuntó Daniel.

Phil Berrigan salió de la cárcel en 1968 bajo libertad condicional. No obstante, los hermanos no se detuvieron ahí. Philip y Daniel, junto con otros siete activistas (conocidos como los Nueve de Catonsville), entraron a una oficina de reclutamiento de Maryland, se hicieron con seiscientos expedientes, los rociaron con napalm y les prendieron fuego delante del edificio.

La declaración que hicieron fue la siguiente: «Nos enfrentamos a la Iglesia católica, a otros colectivos cristianos y a las sinagogas de Estados Unidos a causa de su silencio y cobardía ante los crímenes que se suceden en nuestro país. Estamos convencidos de que la burocracia religiosa es racista, cómplice de esta guerra y hostil a los pobres».

Ese no fue el final de la historia de nuestros valerosos clérigos, pero no diré más para que quien quiera pueda descubrirlo por sí mismo. Hacedlo en los tiempos aciagos, cuando os parezca que ser activista conlleva demasiados problemas.

Una de las mayores dificultades a la hora de resistirse frente a los abusos de poder es que tienes que buscar inspiración y motivación en todo momento. Van a ir a machacarte, pero en lugar de rendirte, hallas el coraje y la energía para echarte a reír con gesto desafiante. **La clave está en la perseverancia. El poder insiste en cometer abusos, y nosotros debemos insistir en identificarlos y construir futuros alternativos.**

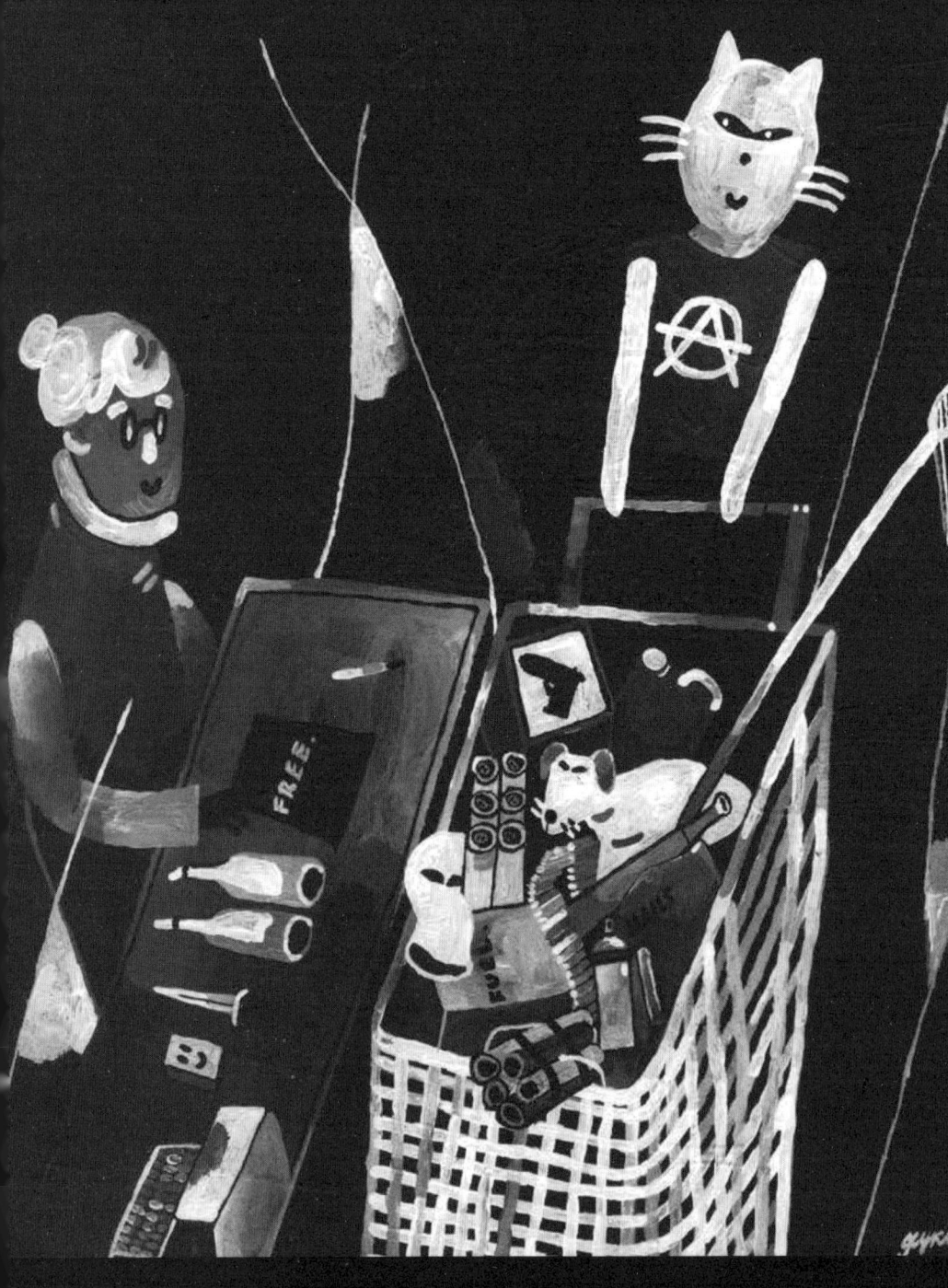

REGLA N.º 7

No te rindas. Resiste. Organízate

(**Si comentas que el emperador anda desnudo, es posible que te lleves un puñetazo de su gente. Te tacharán de loco peligroso y de idiota pervertido. Sin embargo, serás un idiota de los más felices: de los que conocen el divino placer de contar la verdad.**)

El arte y la libertad, como el fuego de Prometeo, son cosas que hay que robar, que hay que utilizar contra el orden establecido.
                              Pablo Picasso

La prisión puede ser el éxtasis... Dicen que incluso en la cárcel de DC no se puede caer más bajo de donde hemos llegado. Estamos en punto muerto: encerrados las veinticuatro horas del día, dos hombres hacinados en una celda en la que apenas cabe uno, compartiendo el espacio con ratones, ratas, moscas y otra fauna diversa e indeseable. Comida pasada por la puerta, mugre, degradación. Y sin embargo, no querría estar en ningún otro lugar del mundo.

> Creo que hemos dado con el territorio donde
> se crean los avances. Creo que ya se han producido.
>
> Daniel Berrigan,
The Nightmare of God [La pesadilla de Dios]

> Un hombre poseído de libertad interior, memoria
> y conocimiento del miedo es la brizna de hierba
> o la astilla de madera que puede alterar el curso
> de la corriente más veloz.
>
> Nadiezhda Mandelstam,
Contra toda esperanza

Palabras

¿Qué es lo que nos empuja a actuar? A mí me cabrea mucho que las principales instituciones políticas de Rusia sean las fuerzas policiales, el ejército, las agencias de inteligencia y las prisiones, que encima están dirigidas por un demente de heroicas virtudes, un hombre que monta a caballo semidesnudo y que no le teme a nada (salvo a los gais). Un hombre tan generoso que le ha entregado la mitad del país a sus amigotes, todos ellos oligarcas. Pero ¿qué broma es esta?

Si trabajáramos juntos, podríamos construir instituciones diferentes. No queremos ser figuras pasivas, farsantes empalagosos ni conformistas seducidos por la comodidad, atrapados para siempre en el ritual perpetuo y repetitivo del consumismo, que siguen comprando la mierda que nos ofrecen como si fueran manjares, que se olvidaron de plantear cuestiones sinceras e importantes, que se limitan a sobrevivir un día más.

LUCE TUS CICATRICES COMO INSIGNIAS DE HONOR

Intentarán callarte y anularte, por lo que te resultará útil poseer la capacidad de transformar los obstáculos y la tragedia en fuerza y fe. Si puedes hacerlo, hazlo. No sé muy bien dónde la venden, pero si te la encuentras por ahí, paga el precio cueste lo que cueste, porque vale hasta el último céntimo.

Algunas de las integrantes de Pussy Riot y yo adquirimos ese superpoder a lo largo de nuestra detención, juicio y condena. **Irónicamente, cuando nos encerraron en una celda fue cuando experimentamos una liberación cercana a lo sublime.** A pesar de estar recluidas, éramos más libres que quienes se sentaban en el bando de la fiscalía. Podíamos decir lo que queríamos y eso fue exactamente lo que hicimos. La acusación solo podía decir lo que le permitían los censores. Sus bocas están selladas. Son marionetas.

El estancamiento y la búsqueda de la verdad siempre serán polos opuestos. En este caso, y en el caso de todo juicio por cuestiones políticas, vemos por un lado a gente que trata de encontrar la verdad, y en el otro, gente que trata de coartar a los buscadores de la verdad. Fue esa búsqueda de la verdad lo que nos llevó a la catedral de Cristo Salvador, pero acabamos siendo perseguidas en nombre de la cristiandad. A pesar de ello, tal y como yo entiendo el cristianismo después de haber estudiado el Antiguo Testamento y, sobre todo, el Nuevo, opino que este es partidario de la búsqueda de la verdad y de la superación constante de uno mismo y su pasado. Sin embargo, no observé la menor muestra de perdón en nuestro juicio.

A todos nos vendría bien recordar que el ser humano es una criatura que siempre se equivoca, que no es perfecta. Tratamos de alcanzar la sabiduría sin conseguirlo. Así fue como surgió la filosofía. Es la fuerza que impulsa a los filósofos a actuar, pensar y vivir, pero también, y en primer lugar, a mantener un halo de poesía en su visión del mundo. En la poesía y en los juicios políticos nunca hay vencedores ni vencidos. Juntos podemos ser filósofos en busca de la verdad, en lugar de estigmatizar y etiquetar a las personas.

El precio que se ha pagar por hacer historia resulta inconmensurable para el individuo, pero es la base de la existencia humana. Ser un mendigo, y aun así enriquecer a los demás. No tener nada, pero poseerlo todo. ¿Recordáis por qué condenaron a muerte al joven Fiódor Dostoievski? Su culpabilidad residía en el hecho de ser un enamorado de las teorías socialistas y en las reuniones entre librepensadores y amigos a las que asistía los viernes en casa de Mijaíl Petrashevski para conversar sobre los escritos de Charles Fourier y George Sand. Durante una de esas veladas, leyó en voz alta una carta que le mandó Visarión Belinski a Nikolái Gógol. Una carta que, según el tribunal que lo juzgó, estaba plagada de «declaraciones impúdicas en contra de la Iglesia ortodoxa y las autoridades supremas». Dostoievski fue llevado ante el pelotón de fusilamiento, pero «tras diez minutos agónicos de esperar a la muerte con un terror infinito», se anunció que la sentencia había sido conmutada a cuatro años de trabajos forzados en Siberia, seguidos del cumplimiento del servicio militar. Ese mismo día escribe a su hermano: «La vida es vida en todas partes, la vida está en nosotros, no fuera de nosotros».

A Sócrates lo acusaron de corromper a la juventud con sus discusiones filosóficas y renegar de los dioses atenienses. En realidad, el sabio disfrutaba de una conexión viviente con la voz divina y no era ningún enemigo de los dioses, como aseguró en múltiples ocasiones. Pero ¿qué importaba aquello cuando ofendió a los ciudadanos más influyentes de su ciudad con su pensamiento crítico y dialéctico, libre de prejuicios? Sócrates fue condenado a muerte y, tras negarse a huir de Atenas como le propusieron sus discípulos, se bebió la cicuta sin miedo y abandonó este mundo.

Es la injusticia en el nombre de la religión, tildar de desequilibrados a los buscadores de la verdad. El mismo Jesucristo, a quien calificaron como «loco y endemoniado» (Juan, 10, 20), también fue condenado a morir por sus pecados en contra de la iglesia: «No queremos apedrearte por ninguna obra buena, sino por una blasfemia» (Juan, 10, 33). Si las autoridades, los zares, los presidentes, los primeros ministros y los jueces entendieran el significado de la frase «Misericordia quiero, que no sacrificio» (Mateo, 9, 13), no someterían a tantos inocentes a juicio. Por desgracia, ellos siguen dándose prisa en condenar, pero no tanto en indultar.

Si permites que sean otros los que definan tu esencia, es que ya te has rendido a su juego. Pero si tratas de vivir como es debido, podrás mirar a la cara de cualquiera que lo intente y decirle que se vaya al infierno.

PALABRAS CLAVE PARA MIEMBROS DE LA RESISTENCIA

AVARICIA. Un sentimiento que te impulsa a creer que el dinero y la fama son lo más importante de este mundo. Si no luchas de forma activa en su contra, resulta fácil caer en ella. Se infiltra dentro de ti sin que te des cuenta y acabas haciendo cosas que jamás habrías imaginado de niño. Cuando la avaricia te invade, dejas de tener una visión clara del mundo y te conviertes en un orgulloso miembro del club de los malnacidos. De todos modos, los cerdos no vuelan ni aunque los alteren genéticamente.

DESTITUCIÓN. Algo que debes exigir si tu presidente es una sabandija peligrosa e incontrolable, más retrógrado a cada día que pasa.

FASCISMO DE LOS RICOS Y FAMOSOS. Una enfermedad que debe ser erradicada por todos los medios. Un estado ultracorrompido de la mente que hace creer que el dinero y el estatus te dan derecho a ser un gilipollas y a salirte siempre con la tuya. «Cuando eres una estrella puedes hacer de todo: agarrarlas del coño, lo que quieras.»

CLÍTORIS. Parte fundamental del cuerpo humano, objeto de una profunda represión a manos del patriarcado. Se trata de un órgano que suele ignorarse en la cultura falocéntrica o destruirse mediante prácticas bárbaras de mutilación.

OBSTRUCCIÓN DE LA JUSTICIA. En opinión de Putin, uno de los mejores métodos para controlar a la población y gestionar las labores de las fuerzas policiales. Trump está de acuerdo con él.

EDUCACIÓN GRATUITA. Algo de lo que deberíamos disponer todos.

ORGANIZACIÓN. Imprescindible para quienes quieran romper las normas. La única manera de seguir adelante. Ocupa las calles y las plazas, y no te marches hasta satisfacer tus demandas. Maquina, exige, persiste. Dentro de todos nosotros habita un monstruo hambriento de integridad.

PUSSY («coño», en inglés). Algo que no vas a catar si no la lías antes. Sin *riot* («revuelta»), no hay *pussy*; o lo que es lo mismo: sin motín, no hay botín.

PUTIN. Un agente de la KGB malvado y miserable, cuya mayor aspiración en esta vida consiste en desplumar al pueblo ruso de todo lo que tiene y a quien le encantaría que la oligarquía patriarcal y amoral se extendiera por el mundo.

Hechos

LA LIBERTAD ES EL DELITO DEFINITIVO

La detención es casi una experiencia religiosa. **El momento en el que te ponen las esposas, te liberas de forma radical de la ególatra seguridad de que puedes controlar el mundo.** Te encuentras sola ante un vasto océano de incertidumbre. Solo el buen humor, una sonrisa y una serena confianza te pueden ayudar a navegarlo.

No nos dicen por qué nos detienen, y yo no lo pregunto. Está todo muy claro. Te confiscan las llaves, el teléfono, los cuadernos y el pasaporte. Después de pasar por las formalidades de rigor, nos sentamos en el pasillo de comisaría con el agente de la policía política encargado del caso.

—Por cierto, os habéis escondido muy bien —dice—. Nos hemos dejado la piel para encontraros. Enhorabuena.

Mi primer interrogatorio es a las 4:07. Me niego a declarar. Una hora más tarde, me llevan al centro de detención temporal de la calle Petrovka, 38. Los presos se desplazan torpemente con sus grilletes, escoltados por los guardas.

En la siguiente incautación, me confiscan los cordones de los zapatos, la bufanda, las botas, el sujetador y el pañuelo de lunares. Una policía rubia me ordena que me desnude, abra las piernas y me incline, tras lo que me separa las nalgas.

—¡Y rapidito, que no estamos en la guardería! —dice la compañera de la rubia, una morena.

Redacto un comunicado oficial por el que me declaro en huelga de hambre indefinida. Ya empiezan a sonarme las tripas. Mi mente divaga al tiempo que anoto mis pensamientos. Esto fue lo que se me pasaba por la cabeza en esos momentos, pero no me hizo falta escribirlo para recordarlo durante el resto de mi vida: «Hay tantas cosas que no he podido hacer. Tenía tantas ideas. He logrado muy poco para mi edad. Si hubiera sabido que me iban a encerrar a los veintidós años... ¿Se pueden tomar analgésicos estando en la cárcel? Los necesito. Y además... hay un mensaje que no he terminado de escribir. Mañana es el cumpleaños de mi hija Gera. Al final no pudimos comprarle los últimos regalos. ¿Qué pensará ella? ¿Cómo estará sin mí? ¿Cuándo podré salir? ¿Podré hacerlo alguna vez? ¿Dónde estoy? ¿Qué le pasa a la gente que hacen presa? Es como si hubieran muerto para los demás, ¿no?».

Cuando entras a tu celda por primera vez, es un alivio. Por fin dejas de estar rodeada de policías e inspectores. No hay más preguntas. Solo estás tú y la pared que tienes delante.

Enciendo la radio.

«Tres de las integrantes del polémico grupo Pussy Riot han sido detenidas e ingresadas en un centro de detención temporal tras turbar la paz de la catedral de Cristo Salvador. Están siendo investigadas...», me informa Radio Rusia.

—Vaya, gracias por la noticia. No hacía falta que me lo dijeras —le respondo mientras tiemblo sobre mi catre.

Al cabo de tres días nos llevan ante un tribunal que —¡sorpresa!— decide mantenernos recluidas mientras nos investigan (a nosotras, un grupo de criminales peligrosas: chicas que habían dado botes durante cuarenta segundos).

Esto es lo que figura en mi causa judicial, expediente n.º 17.780: «Las medidas preventivas no garantizan el cumplimiento de las obligaciones impuestas a Tolokonnikova según el Código Penal, por lo que la acusada podría huir en obstrucción de la justicia y continuar perpetrando las actividades que originaron estos cargos criminales». Esa es la parrafada que suelen soltar las fuerzas del orden cuando quieren encarcelar a alguien durante mucho tiempo. Y tampoco les faltaba razón: si hubiera podido, jamás habría entrado a prisión, y seguro que habría continuado con las actividades que originaron aquellos cargos criminales. Vamos, no me cabe la más mínima duda.

El Centro de Prisión Preventiva Femenina n.º 6 está poseído de una belleza mágica y malsana. El antiguo edificio de ladrillos, similar a una fortaleza, tiene forma de rectángulo. Dentro de una estructura de hormigón dividida por sectores hay un patio enorme por el que transitan sospechosos, abogados y convictos.

Es un castillo frío y húmedo, impregnado de un hedor perpetuo por culpa de la basura en descomposición, acompañado del tañido de las campanas de una iglesia cercana. Algunas celdas albergan a cincuenta y cuatro personas, aunque solo disponen de cuarenta y una camas. Hay chicas que duermen bajo los bancos y brotan desde debajo de las mesas por las mañanas. Una embarazada se apaña con una cuna rota. Por todos lados se oyen gritos y alaridos.

Las recién llegadas son conducidas hasta un cuarto penumbroso de paredes de color verde oscuro y lámparas viejas y polvorientas. Al fondo se sienta una mujer que parece ser muy joven o rondar los cuarenta. No es fácil saberlo, porque la expresión de indiferencia y desesperación de su rostro lograría que cualquier chiquilla pareciera una anciana. Es ella quien te asigna un colchón.

Asciendes hasta la tercera planta abrazada a tu colchón, tambaleante tras diez días de ayuno. La escalera está rodeada por una pared semicircular de ladrillo salpicada de estrechos ventanucos de cristal grueso y opaco.

A cada día que pasas en huelga de hambre, tu tensión arterial desciende un poco más. Las jaquecas son tan intensas que te cuesta salir de la cama. Por primera vez en tu vida puedes sentir tus riñones, que también están enfermos; además tienes la piel seca y los labios agrietados.

Al final te comes un mendrugo de pan que ayuda a bajar con el té de la cárcel, un líquido dulce y tibio de color marrón claro. Después del ayuno, aprendes a apreciar ese pan de mala muerte.

Aprendí varias cosas estando en prisión. Por ejemplo, antes no era capaz de tocar el suelo con el pecho al hacer flexiones, pero allí lo hacía sin problema alguno. Cada vez que salía al patio, hacía cientos de ejercicios hasta acabar derrengada.

Seis meses después de nuestra detención, el perro del alguacil del juzgado, que se había pasado tres horas sentado junto a nuestra jaula con expresión triste y atormentada, se puso tieso de pronto, se retorció levemente y expulsó un charco de vómito sobre el parqué de la sala.

El público se echó a reír desde la galería, los alguaciles le lanzaron una mirada de reproche al animal, el juez hizo una breve pausa, pero el juicio continuó como si nada hubiera ocurrido. Nosotras nos tiramos el resto del día mirando al perro con lástima. Por algún motivo, el vómito no se limpió hasta tres horas más tarde.

—¡Alto! ¡No hagan movimientos bruscos!

Otro perro y su amo nos reciben en el sótano de los juzgados. El hombre es flaco y malencarado, con aspecto tanto de héroe de acción con pocas luces como de actor porno en el papel de simple paleto. El perro aúlla desesperado e intenta atacarnos. El tipo clava sus piernas nervudas contra el suelo y emplea todas sus fuerzas para apartarlo de nuestro lado. El perro sigue ladrando.

—Disculpe, ¿por qué está tan nervioso su perro? —le pregunto.

—La han entrenado para reaccionar al olor de la cárcel.

Genial. Ahora, hasta los perros me tratan como a un inferior porque soy una convicta.

Mientras estuve en el centro de detención antes del juicio, me sucedieron muchas cosas extrañas. En primer lugar, compartí celda con una antigua inspectora de la policía. Era una de esas personas que siguen los dictados de su corazón y entró al cuerpo después de haber visto una serie de televisión sobre polis buenos en su infancia. Durante los años noventa estuvo resolviendo casos, salvando a los ciudadanos de los polis malos, y era feliz. Dimitió en 2003, desencantada. Nadie quería ya que siguiera investigando. En su lugar, solo le exigían sumisión total y una lealtad incondicional, hasta el punto de saltarse la ley cuando fuera necesario. Su exmarido, también policía, la metió en la cárcel por un delito de fraude que no había cometido. En realidad no existían tales cargos, pero el marido le dijo que si le cedía un piso de su propiedad, cerraría el caso y sería libre. Ella se negó a darle el piso y acabó entre rejas.

Un día, mientras se desarrollaba el juicio de Pussy Riot, tuvo la revelación de que los escritos de Juan el Evangelista estaban a punto de cumplirse para liberar a Rusia de la abominación putinista. Al mismo tiempo, un sacerdote que quiso disculparse ante nosotras fue expulsado del clero por la Iglesia. Un hombre que decía defender a las Pussy Riot trató de matar con un hacha al juez que firmó nuestra detención.

Los fanáticos ortodoxos daban vueltas alrededor de los juzgados entonando un mismo cántico: «¡Dios es Todopoderoso! ¡A la hoguera con las brujas!». Gente vestida como los cosacos intentó encender una pira para quemarnos.

RECETAS CARCELARIAS DE AÑO NUEVO

ENSALADA OLIVIER
Fideos instantáneos (en sustitución de las patatas, porque no se pueden hervir patatas en prisión)
Pepinos encurtidos
Guisantes en conserva
Cebolla
Mayonesa (un montón)
Pescado o ternera en conserva (en lugar de la célebre mortadela doktorskaya)

TARTA DE NOCHEVIEJA
Galletas
Mantequilla
Leche condensada (un montón)
Mezcla los ingredientes en el recipiente de la mayonesa (ya que no hay otra cosa) y disfruta.
¡Feliz año nuevo!

Delante de los juzgados se reunía mucha gente que nos apoyaba, así como algunos que nos odiaban (ortodoxos cristianos que pedían diez años de cárcel para nosotras y se paseaban con camisetas en las que se podía leer la leyenda «Cristianismo ortodoxo o muerte»).

La juez se quejó de estar sometida al escarnio público por desempeñar sus funciones. Ciertamente, los activistas que se la encontraban por los pasillos se ponían a gritarle: «¡Vergüenza debería darte!». El día anterior al veredicto, se le asignó una escolta personal.

Las celdas se ubican en el sótano de los juzgados, donde te dejan esperando durante horas hasta que te toca volver a subir custodiada por los guardas. Dichas celdas son invariablemente mugrientas, oscuras y diminutas. Como no hay mucho que hacer ahí, te dedicas a comer galletas saladas mientras lees los mensajes dejados por otros presos: «Rusia será libre», «El sol brilla para los ladrones, pero no para la pasma», «ACAB» (*All Cops Are Bastards*) [Todos los policías son unos bastardos] y otros ejemplos del género de la poesía amorosa carcelaria.

Te sientas en un banco sucio. Los guardas te sueltan comentarios estúpidos que tienes que aguantar. Intentas no perder la dignidad. Pronto podrás ver a los amigos, familiares y seguidores que te esperan fuera. No quieres que se den cuenta de lo humillante y deprimente que te resulta tu experiencia en la cárcel. Esbozas una sonrisa que supone un acto de resistencia. Se podría decir que se trata de una cuestión de principios. Este es un lugar inhóspito y tenebroso, pero no vas a darles el gusto de verte derrotada. Que te jodan, gobierno mío. **La sonrisa es mi arma definitiva.**

Resulta extraño oír tus propias palabras leídas en voz alta. Antes solo lo había visto hacer en las películas. Se supone que la noche anterior a tu sentencia la sueles pasar en vela, pero yo me salté la tradición y dormí como un tronco. Cuando existe la posibilidad de que te encierren en un campo de prisioneros donde tendrás que trabajar como una mula, más vale que descanses mientras puedas.

Antes de leer el veredicto te esposan las manos. Has de pasar cuatro horas de pie escuchando una serie de patrañas que ni siquiera escribió el mismo juez que las pronuncia. Las decisiones de este calibre se toman desde arriba. Y así, finalmente te dicen lo que tú ya sabías (por tus interrogadores, la fiscalía, los comentarios de Putin sobre tu caso y la propaganda televisiva): que vas a estar a la sombra mucho tiempo.

—El comportamiento de las acusadas no puede corregirse sin aislarlas de la sociedad —dice la juez, y ya sabes lo que significa eso. Vas a ir a un campo de trabajos forzados. Luego añade—: Durante dos años. —Parece una eternidad. Y cada día que pasas en la cárcel dura una eternidad.

Nos llevan de vuelta al centro de detención, rodeadas por cinco coches de policía y un par de furgones. Han bloqueado las carreteras para transportarnos, puesto que temen que los manifestantes intenten liberarnos. Yo me dedico a pensar sobre mi futura vida confinada en una colonia penal y trato de convencerme de que será un reto emocionante como activista.

Héroes

EMMELINE PANKHURST

La lucha por el sufragio femenino (el derecho al voto) fue larga y difícil. Los oligarcas blancos que ostentaban el poder se resistían a concederle el voto a nadie aparte de a sí mismos. Incluso a día de hoy, no hay más que ver lo mucho que se esfuerzan en Estados Unidos por arrebatarles ese derecho a los pobres y a las minorías. Así pues, en los albores del siglo XX, cuando las mujeres se unieron para exigir las mismas prerrogativas que ostentaban los hombres, ya sabían que se enfrentarían a una dura batalla.

Como aprendí en el colegio, Emmeline Pankhurst fue una de las grandes pioneras del sufragio femenino. En aquel entonces, yo estudiaba una asignatura de inglés para la que tuve que escoger una figura histórica influyente sobre la que hablar. En realidad, mi historia de amor con Emmeline surgió a partir de que me confundiera con la grafía de su apellido: estaba segura de que era Punkhurst, lo que a oídos rusos sonaba de puta madre, algo así como «Sed de Punk». A causa de ese motivo, durante un tiempo creí que Pankhurst había sido la madre del punk inglés.

Emmeline Goulden nació en la ciudad inglesa de Mánchester en 1858. Su marido, Richard Pankhurst, fue un abogado que defendía el derecho al voto de las mujeres y redactó un proyecto de ley para lograrlo en los años sesenta del siglo XIX. Con su apoyo, Emmeline fundó la Liga del Sufragio Femenino, lo que le dio la oportunidad de votar en las elecciones locales. Tras la muerte de Richard, creó también la Unión Social y Política de las Mujeres, en la que participaron sus hijas Christabel y Sylvia, una organización que luchaba en favor de las reformas sociales, especialmente del derecho al voto. El mensaje era muy claro: «Dejadnos votar y nosotras cumpliremos con nuestras obligaciones como ciudadanas».

Frustradas ante un gobierno inmovilista, las mujeres se volvieron «militantes» (que es lo que suelen decir los hombres cuando nos portamos mal). Emmeline fue detenida en varias ocasiones, durante las que la obligaban a comer cuando hacía huelgas de hambre. **Al octavo día de mi propia huelga, cuando los médicos de la cárcel me dijeron que iban a alimentarme a la fuerza, me acordé de Emmeline.**

Christabel formó un grupo de provocadoras de incendios. Las mujeres de todo el mundo comenzaron a llevar a cabo acciones radicales organizadas. Derramaban ácido en los buzones, rompían ventanas y se encadenaban a las vías. La demostración más trágica tuvo lugar cuando una mujer llamada Emily Davison se lanzó a protestar a la pista del Derby, la carrera hípica más famosa de Inglaterra, y murió pisoteada por los caballos.

Aunque los testigos del sexo masculino se horrorizaban ante el comportamiento tan poco femenino de las féminas, las sufragistas no se achantaban lo más mínimo. Como al gobierno británico no le agradaba la imagen que proyectaba al meterles sondas por la garganta a las presas para que no murieran de inanición durante las huelgas de hambre, decidieron instaurar la «Ley del Gato y el Ratón», por la cual las mujeres, es decir, los «ratones», serían liberadas por las autoridades, el «gato», cuando su estado físico fuera preocupante. Sin embargo, una vez recuperadas físicamente, volvían a ser detenidas y encarceladas. En virtud de dicha ley, Emmeline fue puesta en libertad y detenida nuevamente doce veces durante el transcurso de un año.

Emmeline se describía a sí misma como un soldado y se expresaba en términos muy claros acerca de lo que debía hacerse para empezar a tratar a la mujer como un ser humano. El gobierno se enfrentaba a la disyuntiva de concederles el voto a aquellas locas o mandarlas al paredón.

En 1913, Emmeline pronunció un discurso delante de sus partidarios en la ciudad de Hartford en Connecticut. (Cómo no, en Estados Unidos también se encarcelaba y alimentaba a la fuerza a las sufragistas.) «Hay dos bebés muy hambrientos que quieren comer. Uno de ellos es un bebé paciente, que espera hasta que su madre esté dispuesta. El otro es impaciente y llora, chilla y patalea de gula, incomodando a todo el mundo hasta que come. Pues bien, ya sabemos cuál es el primero al que se alimenta. Y así es toda la historia de la política.»

Entonces estalló la Segunda Guerra Mundial, y hasta a los gobiernos más reaccionarios les costó negar la contribución que realizaron las mujeres durante el conflicto. De esta manera, en Estados Unidos y Gran Bretaña se logró el sufragio poco después, aunque, en el caso de las británicas, solo para las mayores de treinta (uniéndose a los millones de hombres mayores de veintiuno sin «propiedades»). En 1928, cuando murió Emmeline Pankhurst, la edad legal para poder votar de las mujeres se equiparó por fin a la masculina.

Igual que tantos otros derechos concedidos de mala gana por los estados, el derecho al voto es frágil. En Suiza, las mujeres no lo obtuvieron hasta las elecciones nacionales de 1971. De Arabia Saudita ni hablamos. El derecho de la mujer a elegir está amenazado tanto a nivel nacional como local. En siete de los estados norteamericanos, solo hay una clínica donde se practiquen abortos legales. ¿Qué posibilidades de futuro tiene el matrimonio gay? ¿Y el Obamacare? Los derechos que consiguieron con tanto esfuerzo las mujeres como Emmeline Pankhurst no se ganaron para siempre. No solo tenemos que luchar por nuevos derechos, sino proteger los que ya tenemos. Como bebés hambrientos, debemos chillar y patalear para que nos alimenten.

REGLA N.º 8

Huye de la cárcel

> El sistema penitenciario moderno, tal y como existe en Rusia, Estados Unidos, China, Brasil, la India y muchos otros países —en forma de islas donde se practica la tortura legal—, debería desaparecer sin más.

El grado de civilización de una sociedad puede juzgarse al abrir las puertas de sus prisiones.

FIÓDOR DOSTOIEVSKI,
Recuerdos de la casa de los muertos

Propongo la abolición de la función social de los penales.

ANGELA DAVIS

Mientras exista una clase desposeída, seré parte de ella; mientras se persiga a un elemento criminal, me pondré de su lado; y mientras haya un alma encarcelada, no seré libre.

Declaración de EUGENE V. DEBS
ante el tribunal de su juicio por sedición,
18 de septiembre de 1918

> ¿Acaso no es cierto que las prisiones —las cuales acaban con toda la voluntad y la fuerza de carácter del ser humano, entre cuyas paredes se encuentran más vicios que en ningún otro rincón del planeta— han sido siempre escuelas criminales?
>
> PIOTR KROPOTKIN,
> *El anarquismo, su filosofía e ideales*

> *Oh bondage! Up yours!*
> [¡Métete las cadenas por donde te quepan!]
> Letra de la canción *Oh Bondage Up Yours!*
> del grupo de punk inglés X-RAY SPEX

Palabras

EL COMPLEJO INDUSTRIAL DE PRISIONES

Es público y notorio que cuando te dedicas a lucrarte y te calificas a ti mismo de salvador, es porque eres un capullo de la peor calaña: un capullo hipócrita. Estos personajillos se aprovechan de la desesperación y la pobreza ajenas, de la discriminación y el racismo, a fin de construir uno de los imperios más enriquecedores que existen: el complejo industrial de prisiones. Dicen que las cárceles están para ayudarnos, pero es mentira; recibimos poca ayuda de ellas. En ellas nos silencian, nos esclavizan y nos utilizan. Dicen que es «rehabilitación», pero los presos suelen carecer de la libertad para leer libros, hablar con su familia o acudir a la iglesia, dado que están demasiado ocupados trabajando para llenar los bolsillos de los dueños de los presidios.

Lo que he percibido en los ojos de quienes han pasado por el sistema penitenciario ruso y estadounidense actual es desesperación acompañada de cinismo y crueldad. Durante los dos años que pasé en las cárceles rusas, estuve soñando con un sistema alternativo que permitiera a los presos explorar su mundo interior, formarse, leer, crear obras de arte.

Soñaba con ello literalmente, con la creación de una colonia penal en la que los reclusos pudieran aprender de otras culturas, la china, la india, la iraní o la japonesa. Entonces sucedió algo extraño: me desperté con la palabra inglesa REVIVAL (renacimiento) dándome vueltas por la cabeza. En mi sueño, la había escrito en una pizarra de la escuela de la prisión. En ese momento no tenía ni idea de lo que quería decir aquello, pero lo anoté para estudiar su significado más adelante.

En realidad, la pesadilla de la cárcel no pudo haber sido más distinta de lo que vivía en sueños: una experiencia deshumanizadora y salvaje. «La prisión... no es solo antisocial, sino también antihumana. En el mejor de los casos, es lo bastante mala para reflejar la ignorancia, estupidez y falta de humanidad de la sociedad a la que sirve.» Son palabras de Eugene V. Debs, organizador político y líder sindicalista que se presentó candidato a la presidencia desde la cárcel (cita extraída de su obra póstuma *Walls and Bars* [Muros y rejas], publicada en 1927).

Tal y como apunta Howard Zinn en su libro *Nadie es neutral en un tren en marcha*: «El hecho de que al menos unos pocos hombres y mujeres sobrevivan al infierno del sistema de prisiones con la sensibilidad intacta supone una muestra inapelable de la resistencia del espíritu humano».

El sistema penitenciario que viví solo produce dos cosas: la primera, beneficios para burócratas o empresas, y la segunda, un montón de personas que detestan al gobierno y jamás volverán a confiar en las instituciones oficiales. Si el objetivo fuera aumentar la tasa de criminalidad, sería un plan perfecto. Por mi parte, el tiempo que pasé en las cárceles rusas me volvió más respondona y desobediente con el sistema.

Desde que nos soltaron, mi compañera Masha de las Pussy Riot y yo hemos visitado muchas prisiones de todo el mundo y hemos hablado con convictos, exconvictos y organizaciones que pretenden llevar a cabo una reinserción verdadera de los presos. Lo más sorprendente ha sido ver lo mucho que se parecen los sistemas penitenciarios de Estados Unidos a los de Rusia. La Guerra Fría equiparó nuestros países en numerosas cuestiones, no solo en el imperialismo agresivo, el militarismo y la desigualdad rampante, sino en la actitud de ambos gobiernos hacia esas personas desposeídas que se encuentran entre rejas.

También estudiamos el caso de los países bálticos de la antigua Unión Soviética, donde se están abandonando los métodos del gulag sustituyendo las viejas cárceles por otras nuevas, cuya meta consiste más en ayudar a los reclusos que en aniquilarlos.

Estando en Berlín, hicimos una visita a lo que fuera una prisión de la Stasi (el servicio de inteligencia de la extinta Alemania del Este), donde pudimos ver cómo se enfrenta el país a su pasado recordando las torturas y las muertes que allí se produjeron. Ahora es un penal de mujeres en el que se trata a las presas con sumo respeto (con acceso gratuito a labores remuneradas, buenas condiciones generales y reconocimiento legal de las parejas del mismo sexo).

Tras ver los correccionales escandinavos, con sus centros de reinserción, sus refugios para exconvictos y los asistentes sociales que les ayudan a encontrar trabajo, sabemos que es posible considerar al sistema no como a un enemigo, sino como a un aliado. Desde luego, ese no es el caso de las prisiones rusas ni de las estadounidenses.

Estados Unidos se sitúa a la cabeza en muchos frentes; posee la economía más potente, las universidades mejor puntuadas y el mayor número de medallas de oro en los juegos olímpicos. Sin embargo, también está a la cabeza a la hora de mandar a la gente a la cárcel. Cuenta con más del veinte por ciento de toda la población encarcelada del planeta. **Una de cada cinco personas que están presas en el mundo se halla en Estados Unidos.**

Uno de los motivos para ello es la desastrosa «guerra contra las drogas» que se inició en los años setenta. En 1980, la población de las prisiones estatales y federales rondaba los 320.000 reclusos. Según la Oficina de Estadísticas

Judiciales, en 2015 había 1.526.800 (con un «descenso» del dos por ciento desde 2014), además de 700.000 en las cárceles locales (de los 182.000 que había en 1980), de los cuales hay cientos de miles encerrados por delitos sin violencia relacionados con drogas. Era habitual que las penas por posesión de marihuana fueran mucho más duras que por tenencia de armas ilegales. Ahora que los científicos han demostrado que fumar hierba es menos dañino que beber alcohol y que algunos estados empiezan a legalizar su consumo, el país se encuentra en la extraña situación de tener a cientos de miles de personas encarceladas por hacer algo que está permitido en otras regiones próximas.

Además, es un sistema racista. Los afroamericanos entran a la cárcel cinco veces más que los blancos. Las penas relacionadas con el crac, una droga introducida en las comunidades negras y ampliamente consumida en los barrios bajos, eran mucho más severas que las relacionadas con la cocaína, más usada entre los blancos. En algunas ocasiones, las condenas eran cien veces más largas por lo que en esencia era la misma sustancia.

Cuando fui a Rikers Island, me extrañé al ver que todos los visitantes eran personas de color. «¿Es que en este país no vas a la cárcel si eres blanco?», me pregunté. Interesante. En la entrada del penal hay un cartel gigantesco en el que pone que no se pueden llevar pantalones anchos y sudaderas. ¿Por qué? Tal vez porque los funcionarios de prisiones son lo bastantes ignorantes como para fomentar y extender el prejuicio de que la cultura del hip-hop y la delincuencia están unidas entre sí.

Si quieres saber algo sobre desigualdad, pregúntale a Howard Zinn. «Cuanto más pobre se era, más probabilidades había de terminar en la cárcel. Los ricos no tenían que cometer delitos para conseguir lo que querían porque la ley estaba de su parte. Pero cuando los cometían, muchas veces no eran procesados, y si lo eran, podían salir bajo fianza, contratar a buenos abogados y obtener un trato mejor de los jueces. Por una u otra razón, las cárceles siempre terminaban llenas de negros pobres» (*La otra historia de los Estados Unidos*). En palabras de Eugene V. Debs: «Por lo general, los pobres son los únicos que van a la cárcel. Los ricos controlan los juzgados y los pobres pueblan las prisiones».

Los políticos siempre han competido entre sí por ver quién era «más duro con los delincuentes». Bill Clinton interrumpió su campaña presidencial en 1992 para firmar la pena de muerte de un discapacitado mental acusado de asesinato. El hombre, Ricky Ray Rector, se había pegado un tiro en la cabeza después de matar a otro, de forma que quedó lobotomizado por su propia obra. Y pese a que apenas regía ya, fue ajusticiado de todos modos. Antes de su ejecución, Rector pidió que le guardaran el postre de su última comida para comérselo más tarde.

En lugar de percatarse de que el sistema no funcionaba, siguieron haciendo lo mismo hasta que encontraron una solución maravillosa para gestionar el aumento de la cifra de presos: ¡la privatización! En los años ochenta empezaron a surgir los correccionales privados, cuyo objetivo consistía en encarcelar a la mayor cantidad de gente posible a fin de enriquecerse. En 2015, el punto álgido, el dieciocho por ciento de los reclusos federales estaban internados en prisiones privadas. En 2016, el Departamento de Justicia de Obama anunció que iba a reducir el número de instituciones privadas. Cómo no, Trump tumbó esa medida en cuanto llegó al poder. El día después de las elecciones, el precio de las acciones de la empresa más importante del ramo, ahora llamada CoreCivic, subió un cuarenta y tres por ciento.

Igual que en el caso de la educación y la sanidad, si el objetivo principal consiste en ganar dinero, lo secundario será enseñar, curar o rehabilitar personas. Eso ya no le importa a nadie. Las cárceles privadas existen para castigar. Puesto que ganan dinero gracias a los presos, las empresas hacen presión para que las condenas sean más duras y apoyan a los políticos más inflexibles, igual que los más de 400.000 guardas que tienen contratados.

Las prisiones no deberían ser organizaciones con ánimo de lucro. Todo el sistema cuesta ochenta mil millones de dólares al año. ¿Y no estaría mejor empleado ese capital evitando que la gente entrara a la cárcel, en vez de lo contrario? ¿Invirtiendo en educación y enseñanza, creación de empleo, tratamientos contra las drogas e iniciativas similares?

Deberíamos apoyar todos los intentos de reforma. Hasta algunos republicanos como Rand Paul se muestran a favor de una revisión del sistema judicial. Hay 450.000 personas recluidas en la cárcel porque se les ha negado la fianza o no pueden permitírsela, aunque no sean más que unos cientos de dólares, una situación que los legisladores como Paul intentan modificar en el Congreso.

El sistema de prisiones no ayuda a aquellos que tienen dificultades para reinsertarse en la sociedad, sino que genera un estigma e impide su inclusión, algo que siempre ha ocurrido. En su ensayo *Prisons: A Social Crime and Failure* [Prisiones, un fallo social y un crimen], publicado en 1910, Emma Goldman apuntaba ya: «Año tras año, las puertas del infierno de la prisión devuelven al mundo a unos seres desesperados, escuálidos, deformados y despojados de toda voluntad. Sin más bienvenida aparte del hambre y la falta de humanidad, estas víctimas no tardan en recurrir a la única posibilidad que les queda para subsistir: la delincuencia».

Hay algunos lugares donde se ha empezado a entrar en razón con el tema de las drogas. Ciudades como Seattle e Ithaca en Nueva York lo consideran ahora un problema médico en lugar de un crimen. En algunos casos, se facilita a los heroinómanos un espacio donde puedan consumir de forma segura como parte de un programa antidrogas integral. Las sobredosis de opiáceos y heroína matan a unas ochenta personas cada día, pero un tratamiento adecuado puede ayudar a la gente a desengancharse sin ir a la cárcel ni perder la vida. Suiza adoptó esta medida hace veinte años, con la que logró reducir considerablemente los delitos relacionados con el narcotráfico, las infecciones del VIH y las sobredosis.

Sin embargo, a pesar de las opciones que hay, a casi nadie le interesa innovar y probar cosas nuevas. Les basta con sacarse un beneficio a base de encerrar a los drogadictos.

China es un buen ejemplo de lo que puede suceder bajo un gobierno secretista. Existen muy pocos datos sobre las encarcelaciones del país. Nadie conoce las cifras reales de las ejecuciones, aunque es probable que se produzcan al menos millares de ellas. Las cárceles están llenas de disidentes y reformistas democráticos contrarios al presidente Xi Jinping. El gigante chino libra su propia guerra contra las drogas y fusila a los contrabandistas.

Sus prisiones son infernales. La tortura es una práctica habitual antes de los juicios. Los reclusos están hacinados en las celdas, donde muchas veces no hay ni camastros. Además, los prisioneros deben trabajar largas jornadas. Aunque en las cárceles normales también se trabaja, las condiciones pueden llegar a ser mejores que en los centros de detención.

Lo único que sabemos es que no sabemos lo que ocurre en China. Estamos enterados de lo que sucede en Estados Unidos, donde la reforma penitenciaria no forma parte de las prioridades políticas (se ganan más votos haciéndose el duro). Cuando el presidente Obama visitó una prisión federal en 2015, fue el primero en hacerlo de todos sus antecesores. Allí vio una celda diminuta en la que se apiñaban tres hombres y se mostró compasivo, pero cuando abandonó la Casa Blanca un año y medio más tarde, poco había cambiado.

Durante el mandato de Obama se produjo un movimiento en contra de las penas mínimas obligatorias y se inició un debate nacional acerca de las políticas en cuestión de estupefacientes. La financiación de la «guerra contra la droga» comenzó a desviarse hacia el tratamiento, pero ahora, desde la llegada de Trump, el gobierno amenaza con duplicar las mismas medidas represivas que ya han demostrado su inutilidad. El fiscal general Jeff Sessions dio la orden de intentar emitir las condenas más duras permitidas por la ley, lo que volvería a incrementar la población de las prisiones.

El nombramiento como director de la Oficina de Prisiones del general Mark Inch, el encargado de tratar con los prisioneros de Estados Unidos en Irak y Afganistán, cuadra bastante con la progresiva militarización de las fuerzas del orden que se ha ejercido durante las últimas décadas. Como hemos visto tras innumerables tiroteos injustificados por parte de la policía, existe poca voluntad de suavizar la situación. Más bien al contrario, se actúa con dureza, sacando las armas y hasta a los cuerpos especiales.

El documental *Do Not Resist* [No te resistas] de 2016 describe el auge de las respuestas militarizadas de las fuerzas policiales. En los años ochenta, los cuerpos de élite se desplegaban alrededor de tres mil veces al año; ahora, la cifra se sitúa entre cincuenta mil y ochenta mil. Desde el 11S, el Departamento de Seguridad Nacional ha donado más de 34 millones de dólares a los departamentos de policía para que compren juguetitos tales como vehículos blindados contra minas y emboscadas (MRAP), Humvees, rifles de asalto y cosas así. (Busca «MRAP» en Google y dime si tiene sentido sacar esos bichos por las calles de Estados Unidos.) El Departamento de Defensa también les ha regalado trastos parecidos por valor de miles de millones.

Se diría que las autoridades libran una guerra contra los sectores más desprotegidos de la población estadounidense a base de control militarizado, sentencias ejemplares y condiciones penitenciarias lamentables. Si sabemos cómo son las cárceles de hoy, con torturas, malos tratos, castigos severos y asesinatos, ¿por qué no las cambiamos? ¿Me estáis diciendo que se pueden mandar cohetes al espacio exterior y clonar ovejas pero que el sistema de prisiones no se puede reformar? Venga ya.

Eugene V. Debs ya sabía cómo debían reformarse las cárceles a comienzos del siglo XX. Se trata de algo factible, público y notorio. Estas son sus sugerencias (*Walls and Bars*, 1927):

1. En primer lugar, debería arrebatársele el control a los políticos y poner al mando a una junta de personas compasivas con amplitud de miras. Dicha junta se encargaría de supervisarlo todo y tendría capacidad para conceder indultos, libertad condicional y conmutación de las penas.

2. Los reclusos deberían cobrar por su trabajo al nivel de los salarios actuales.

3. Los presos, de los cuales se puede confiar en al menos el setenta y cinco por ciento de los mismos, como reconocería cualquier director de cárcel íntegro, deberían organizarse mediante un sistema de autogobierno, establecer sus propias normas y regular su conducta bajo la supervisión de la junta.

4. La alimentación habrá de ser sana y adecuada, sin grandes lujos ni dispendios, pero lo suficientemente nutritiva para conservar la salud en lugar de minarla y destruirla.

5. Al menos el setenta por ciento de los reclusos de cada cárcel no son criminales, sino gente desafortunada. Todo director decente admitirá que podrían rehacer su vida si se les otorgara la libertad y una oportunidad justa.

En resumen: las cárceles no deberían ser organizaciones con ánimo de lucro, dirigidas en secreto bajo un régimen militar que hace lo que le place. Sus mandos deberían ser responsables de sus actos. Los presos deberían tener poder de decisión en cuanto a su propia gestión. Deberían existir juntas rectoras que supervisen el buen funcionamiento del sistema. Sin duda habrá individuos interesados en formar parte de dichas juntas, ya que entenderán que esas personas saldrán libres algún día, y su reinserción sería lo más positivo para el conjunto de la sociedad.

Recuerdo cuando tenía unos seis años e iba de paseo por Moscú con mi padre. Si veíamos a un policía, cambiábamos de acera. Nunca olvidaré el truco de la cara de póker que me enseñó entonces: si pasas cerca de un policía, ni lo mires, no hagas contacto visual ni llames su atención. A mis seis años, me alegraba que la policía no tuviera nada en mi contra. ¿Por qué iba a tenerles miedo? Por nada. No robábamos bancos ni vendíamos armas ni drogas. Simplemente sentíamos un temor irracional a que sucediera algo.

A medida que fui haciéndome mayor, aprendí a comunicarme mejor con la policía, aunque estando siempre preparada para lo que pudiera pasar. Sin embargo, si no me obligo a enfrentarme a ellos, ese deseo infundido en la infancia de cambiar de acera se vuelve tan intenso que casi me produce urticaria.

Si queremos erradicar ese miedo a la policía, deberíamos equiparar nuestros derechos y otorgar a cada ciudadano la capacidad de encarcelar a la policía (con un motivo), igual que ellos pueden hacerlo con nosotros. Los agentes de la ley deben sentir el poder del ciudadano medio sobre sus hombros. Así es como nos desharemos de ese miedo.

Hechos

Estar en la cárcel me enseñó muchas cosas. Una de ellas está relacionada con el paso del tiempo y la importancia de mirar hacia delante e imaginar futuros alternativos. Durante mi condena estuve viviendo en unos barracones con otras cien mujeres con las que compartía el mismo dormitorio. Cada camastro tenía un cartel con el nombre de la reclusa, su foto, el código de los delitos que se le imputaban y la fecha de inicio y finalización de su pena: 2005-2019, 2012-2014, 2007-2022; 2012-2025. Pasear entre esas camas era como viajar por el tiempo, un recorrido hipnótico por aquellos años, destinos, rostros y delitos. En tales circunstancias, pensar en el tiempo resulta inevitable. Cuando estás presa, es lo único que te mantiene con vida. Imaginando, soñando: ¿cómo encarrilaré mi vida cuando salga de aquí? **El futuro nunca estuvo tan cuajado de oportunidades maravillosas como cuando estuve en un campo de trabajos forzados sin otra cosa más que un puñado de sueños en mi haber.** No es solo la cárcel, también la desesperación y la pena, o todo lo contrario, una alegría inexplicable o un amor incondicional —cualquier situación límite— abren en ti esa capacidad mágica que suele perderse al entrar en la madurez: la osadía necesaria para soñar e imaginar.

PUSSY RIOT EN LA CÁRCEL

Me llevaron a un campo de trabajos forzados en Mordovia, una región rusa más conocida por sus terribles prisiones y sus esponjosas tortitas. Las costumbres de la zona son patriarcales y conservadoras. Las mujeres se dejan el pelo largo, a menudo recogido en una trenza sobre el hombro. Miden el éxito en la vida en función de la calidad de sus maridos y el número de sus hijos.

Mordovia es una tierra de pantanos y penales, donde

se crían vacas y prisioneros. Las vacas paren terneros y producen leche, mientras que los reclusos cosen uniformes. Allí me encontré con guardas de cuarta y quinta generación. Desde que levantan un palmo del suelo, esta gente piensa que el único propósito que hay en esta vida consiste en someter la voluntad de otras personas.

La disciplina más severa, las jornadas más largas, la injusticia más flagrante. Cuando se manda a alguien a Mordovia, es como si lo mandaran a morir. Trabajábamos entre dieciséis y diecisiete horas al día, desde las 7:30 hasta las 00:30. Dormíamos cuatro horas. Librábamos una vez cada mes y medio.

Cuando llegué a mi unidad, me recibió una presa que estaba terminando una condena de nueve años: «A los cerdos les da miedo apretarte las tuercas ellos mismos y quieren que lo hagamos nosotras». Las condiciones de la cárcel están organizadas de tal manera que los internos a cargo de los turnos de trabajo y los dormitorios reciben la tarea por parte de la dirección de aplastar la voluntad de los demás, aterrorizarlos y convertirlos en esclavos mudos.

«Si no fueras Tolokonnikova, te habrían dado una buena paliza hace mucho tiempo», me decían las compañeras más próximas a los guardas, y era cierto; a las demás les pegaban. Por ejemplo, por no aguantar más. Les daban golpes en los riñones y en la cara. Las encargadas de esas palizas eran otras reclusas, y nunca se producía ninguna sin el permiso expreso y la aprobación de los guardas.

Aquejadas de una falta de sueño perpetua y exhaustas por el ritmo vertiginoso de la producción, las presas se hallan siempre al borde del delirio, gritando hasta desgañitarse y peleando entre sí. A una chica la atizaron con unas tijeras en la cabeza por llevar unos pantalones al lugar equivocado. Otra mujer trató de clavarse una sierra en su propio estómago.

Hay millares de mujeres seropositivas que trabajan sin descanso, destrozando sus maltrechos sistemas inmunológicos. Cuando se acerca el final las mandan al hospital del centro a morir, de modo que sus cadáveres no hagan mella en sus estadísticas. Están solas entre rejas, sabiendo que su tiempo se acaba, que están perdidas, crucificadas y condenadas.

Una noche murió una mujer en la fábrica de costura. Al poco rato retiraron su cuerpo de la línea de montaje. La mujer había estado muy enferma y no debería haber trabajado más de ocho horas al día, pero los guardas necesitan miles de uniformes. Las presas se quedan dormidas delante de sus máquinas de coser. Se cosen los dedos. Se mueren.

Cuando una aguja te atraviesa la uña y te ensarta el dedo, tardas unos cinco segundos en asimilar lo que está sucediendo. No sientes nada. Simplemente no entiendes por qué no puedes apartar la mano de la máquina de coser. Al cabo de los segundos, sobreviene el dolor. Anda, mira, se me ha clavado la aguja en el dedo.

Ese es el sencillo motivo de que no puedas mover la mano. Entonces puedes sentarte cinco minutos tú sola para curarte el dedo, pero no más. Hay que seguir cosiendo. No eres la primera a la que le pasa. ¿De qué vendas hablas? Estás en la cárcel.

Los mecánicos me dicen que no tienen las piezas necesarias para reparar mi máquina de coser ni podrán conseguirlas. ¡No hay piezas! ¿Que cuándo llegarán? ¿Cómo se te ocurre hacer esas preguntas viviendo en Rusia?

Llegué a aprender el oficio de mecánico por mí cuenta y de manera involuntaria. Me lanzaba sobre mi máquina de coser, destornillador en ristre, para intentar arreglarla desesperadamente. Tienes magulladuras y pinchazos en las manos y hay sangre por toda la mesa, pero sigues cosiendo de todas formas, porque formas parte de una línea de trabajo y debes llevar a cabo tu tarea a la par que las costureras más expertas. Pero la maldita máquina no deja de romperse.

La aguja se quiebra una y otra vez, pero como no hay repuestos, recoges agujas viejas y romas del suelo de madera y sigues cosiendo. No perforan el tejido y el hilo se enreda y se corta, pero estás cosiendo, y eso es lo único que importa.

Por la noche tienes un bonito sueño que hace que te despiertes con una sonrisa en la cara: te han regalado un juego de agujas. Después te levantas, miras a tu alrededor y te das cuenta de que no es cierto, solo ha sido un sueño, un bello sueño de color de rosa. En realidad, volverás a pasarte el día entero cosiendo con las agujas sin punta que has podido reunir.

En una carta desde la cárcel escribí: «Mi cautiverio, la colonia penal de mujeres, es letargo, un sueño infinito. Parece que hubiera pasado aquí toda la vida. Al mismo tiempo, se trata de un momento suspendido, un único día eterno que se repite sin cesar por obra y gracia de un genio maléfico, hasta que la muerte nos separe. Mi cautiverio es el reverso material de Matrix, cientos de cuerpos obligados a trabajar, débiles, pálidos, embotados, cientos de experiencias físicas en el lodo del eterno retorno, la apatía y el estancamiento».

En Mordovia se han utilizado los campos de trabajos forzados desde finales de los años veinte del siglo pasado. El complejo de prisiones mordvino se estableció durante la «purga de los elementos socialmente peligrosos», tal como proclamó Stalin. Antes, los presos políticos tenían la oportunidad de coger unos libros, educarse y escribir, pero todo eso cambió de repente cuando llegó Stalin. A partir de ese momento, los trabajos forzados pasaron a ser el método principal de reeducación. De esa manera, la economía soviética alcanzó sus objetivos al precio de las vidas de cientos de miles de reos.

Incluso tras la muerte de Stalin en 1953, Mordovia siguió siendo el lugar donde se mandaba a hacer trabajos forzados. Entre 1961 y 1972, los correccionales mordvinos fueron los únicos a los que se enviaba a los presos políticos (por ejemplo, por distribuir literatura prohibida).

Mi primera impresión de Mordovia me llegó a través del subdirector de mi colonia penal. «Debes saber que, en cuestiones de política, me considero estalinista», me dijo.

En la época de Stalin, si un prisionero no iba o no podía ir a trabajar en tres ocasiones distintas, lo fusilaban. En la nuestra, se le somete a una buena paliza y se le encierra en una gélida celda de aislamiento, para que se congele, enferme y muera lentamente.

Algunas veces te encuentras un rabo de cerdo entre el rancho, o el pescado en conserva de la sopa está tan rancio que tienes diarrea durante tres días. A los presos siempre se les da pan duro, leche aguada, mijo pasado y patatas pochas. Durante el verano llegaban al penal sacos de patatas negras y viscosas en grandes cantidades, y nos alimentaban con ellas.

Se cose con máquinas viejas y obsoletas. Según el Código Laboral, si el equipo de trabajo no cumple con las pautas de la industria, las cuotas de producción deben reducirse con respecto a las normas. Sin embargo, las cuotas no dejan de aumentar, de forma abrupta y sin previo aviso. «¡Si ven que puedes hacer cien uniformes, aumentan el mínimo a ciento veinte!», me advirtió una costurera veterana. Tampoco puedes incumplir los requerimientos, o la unidad al completo es castigada durante todo el turno. Por ejemplo, obligando a que pasen horas de pie en el patio, sin poder ir al baño ni beber una gota de agua.

Hay toda una serie de castigos no oficiales con los que se mantienen la disciplina y la obediencia, como impedir la entrada a los barracones en otoño e invierno (conocí a una mujer a la que se le congelaron tanto los dedos y un pie que tuvieron que amputárselos) o prohibir el aseo o el uso del retrete.

Con el único sueño de poder dormir y tomar un sorbo de té, la reclusa exhausta, acosada y mugrienta se convierte en barro maleable a manos de los guardas, quienes nos ven únicamente como obreras sin sueldo. En junio de 2013, mi salario mensual fue de cincuenta centavos.

Las condiciones sanitarias de la cárcel están calculadas para que los prisioneros se sientan como animales sucios e impotentes. La colada se hace una vez por semana, en un cuartucho con tres grifos de los que sale un hilillo de agua helada. Se nos permite lavarnos el pelo una vez por semana. No obstante, a veces se cancela, como cuando se obstruye el desagüe o se corta el suministro. En algunas ocasiones, estábamos sin poder ducharnos durante dos o tres semanas.

Cuando las tuberías se atascan, la orina se desborda y las heces salen disparadas desde las letrinas. Aprendemos a desatascarlas nosotras mismas, pero el arreglo dura poco y vuelven a estropearse otra vez. La prisión no cuenta con el material necesario para repararlas.

Los guardas imponen el silencio recurriendo a los métodos más bajos y crueles. Las quejas nunca llegan más allá de las puertas de la cárcel. Lo único que se puede hacer es comentarlas a familiares o abogados. Entretanto, la Administración, ruin y vengativa, emplea todos los medios a su disposición para presionar al convicto hasta que entiende que sus protestas no le harán ningún bien a nadie, sino todo lo contrario.

¿Qué les pasa a las cosas que se meten en agua hirviendo? Lo que es blando, como los huevos, se endurece. Lo duro, como las zanahorias, se ablanda. El café se disuelve y lo impregna todo. Así, el significado de la parábola es el siguiente: sé como el café. En la cárcel, yo soy como ese café.

Aquí se llora poco; todo el mundo sabe que no se logra nada con el llanto. Es más bien como una pena profunda que no se expresa a través de las lágrimas. La risa tampoco se tolera demasiado. Si alguien se ríe, le dicen: «¿Qué, te diviertes?» o «¿No tienes nada mejor que hacer?», pero yo me río de todos modos.

Se puede tolerar cualquier cosa con tal de que no afecte a nadie más. Sin embargo, el método de la amonestación colectiva es otra historia, porque significa que toda tu unidad, o incluso todas las reclusas al completo, deben recibir tu castigo. Lo más horrible es que estas cosas salpican a la gente que te importa. Una amiga mía fue reprendida por tomar té conmigo y le negaron la libertad condicional por la que había trabajado con esfuerzo durante siete años superando las cuotas de la zona de producción.

Cada vez que alguien hablaba conmigo, se le ponía un parte disciplinario. Me dolía que hicieran sufrir a las personas que me importaban. El teniente coronel Kupriyanov me dijo una vez entre risas: «¡No creo que te quede ni una sola amiga en este lugar!».

Mientras tanto, yo seguía soñando con comenzar un movimiento carcelario.

Contaba con un pequeño círculo de confianza, con quien comentaba los planes de la lucha futura. Cuando los guardas empezaban a sospechar de nuestras interminables conversaciones, fingíamos coquetear unas con otras y hablar sobre flores, y dejaba de haber problemas.

Teníamos la intención de obligar a la Administración a crear un sindicato de reclusas. Pedí unos cuantos libros sobre legislación para investigar. No fue fácil sortear a los censores y convencer a la directiva de que estudiar las leyes rusas era uno de mis derechos fundamentales.

—¿Estoy aquí por haber infringido las normas? —les pregunté.

—Correcto —respondieron.

—¿Y quieren que las cumpla en el futuro?

—Sí.

—Genial. Entonces necesito los libros que he pedido para estudiar.

Al final los conseguí y pude estudiar las leyes que regían la vida de los presos y el derecho laboral. No tuve más remedio que aprenderme lo más básico de memoria, ya que sabía que me confiscarían los libros en cuanto iniciara una guerra abierta contra la Administración en protesta por las condiciones de trabajo.

Y es que las condiciones eran tremendas. Si te crees que vives en un mundo civilizado donde no existe la esclavitud, es que no tienes ni idea. Así es la vida de los presos de una cárcel rusa:

1. Deben trabajar el doble de las horas permitidas según el código laboral (dieciséis).
2. Trabajan siete días a la semana con maquinaria vetusta que se cae a pedazos, lo que la vuelve peligrosa.
3. Las exigencias que se les imponen son inalcanzables y deben dedicar el doble de horas de las que se trabajan en los talleres normales.
4. El sueldo es vergonzosamente bajo. Yo cobraba entre cincuenta centavos y diez dólares… al mes.
5. Soportan grandes presiones físicas y psicológicas si no cumplen los cupos.

Como era de esperar, nuestro plan para fundar un sindicato legal fue impedido por la Administración, que se limitó a no aceptar nuestros papeles. Por eso tuvimos que actuar desde la ilegalidad.

Teníamos un plan B, que consistía en que yo dialogara con el director de la cárcel, a quien visité en varias ocasiones. En el fondo creo que disfrutaba de mi atención, y llegó a pedirme —más de una vez— que escribiera un libro acerca de lo malvado que era (con dos párrafos va que chuta). Le gustaba hablar conmigo sobre Putin y la democracia en Rusia (y opinaba que los rusos solo amaban y respetaban a las figuras autoritarias). Supongo que todo aquello le haría sentirse especial, en vez de un ladrón más, como si sirviera en una importante misión secreta para doblegar a la enemiga del Estado y disciplinarme de tal modo que no le tocara tanto las narices al gobierno. Debo admitir que ese cabrón tenía un auténtico talento para doblegar la voluntad de las personas. Había nacido para ello. Era un sádico, y lo reconocía abiertamente y a mucha honra.

En todo caso, lo cierto es que traté de dialogar con esa persona. Le hice una oferta de paz a cambio de una jornada laboral de ocho horas en lugar de dieciséis. Dio resultado, pero no sin salir perjudicada: me impusieron el duro castigo de excavar zanjas alrededor de la iglesia de la cárcel, cortar madera y cargar bloques de cemento por todo el recinto. Mi unidad también lo pagó: nos cortaron el agua caliente y, lo que era aún peor, nos prohibieron lavarnos con agua fría. No querrás saber cómo logramos sobrevivir, pero te puedo decir que no fue bonito.

Así es como aprendí que el diálogo nunca funciona con aquellos que tienen poder sobre ti. Así es como aprendí que a veces no nos queda más remedio que enseñar los dientes y alzarnos en pie de guerra.

En septiembre de 2013 comencé la huelga de hambre más peligrosa que había hecho nunca. En la carta que le entregué a los oficiales de prisiones, explicaba mis razones: «No voy a quedarme callada y resignarme mientras mis compañeras se derrumban en condiciones de esclavitud. Exijo que se respeten los derechos humanos en las cárceles. Exijo que se obedezcan las leyes en este campo mordvino. Por ello me declaro en huelga de hambre y me niego a participar en el trabajo de esclavos que se desarrolla en este centro hasta que la Administración cumpla la legislación vigente y trate a las reclusas no como ganado exiliado del ámbito jurídico en beneficio de la industria textil, sino como seres humanos».

- **MIS EXIGENCIAS DURANTE LA HUELGA DE HAMBRE**

    1. Reducción de la jornada laboral a ocho horas.
    2. Reducción del número de uniformes que manufacturar cada día.
    3. Implantación de dos días de descanso a la semana.
    4. Amonestación y despido del subdirector del centro, quien amenazó de muerte a quienes criticamos las condiciones de la colonia.
    5. Cese de la persecución y las represalias en contra de las presas que presentan quejas.

—Conque tenemos a una revolucionaria, ¿eh? —me dijeron—. Puede que algún día se cuenten leyendas sobre ti, pero ahora mismo estás aquí, con nosotros. Que no se te olvide. Será mejor que te guardes tus opiniones para ti misma. Más te vale mantener silencio, por tu propio bien.

La prisión es una isla de totalitarismo legalizado, cuya meta es regular las ideas y los actos de quienes naufragan en ella. El que se atreve a rebelarse en un estado totalitario, se arriesga a que lo fusilen.

Rebelarme en el campo de trabajo no fue una decisión fácil, pero hay momentos en los que no basta con sacrificar corderos, becerros o palomas. A veces hay que sacrificar más.

«Fue aquí, en la prisión de Butyrka, donde me hablé a mí mismo con sinceridad, en una especie de promesa —nos cuenta el superviviente del gulag Varlam Shalamov—. ¿Cuál fue esa promesa? La idea principal consistía en equiparar las palabras con los hechos, la capacidad de sacrificio propio. El sacrificio era la vida, cómo me sería arrebatada y cómo sería utilizada.»

La resistencia me dio fuerzas para vivir. Me hizo sentir que la existencia entre rejas no constituía una pérdida de tiempo absoluta.

Era mi tercera huelga de hambre. La primera duró nueve días, la segunda y la tercera, cinco. Terminé mi tercera huelga de hambre después de que el director de la prisión fuera hasta mi catre con su teléfono y me preguntara si quería hablar con el presidente del Consejo Presidencial para la Sociedad Civil y los Derechos Humanos de Rusia, un cargo muy importante dentro de su jerarquía. Por supuesto, los presos no pueden usar móviles, y los guardas no pueden proporcionárselos a los presos. Sin embargo, en aquella ocasión decidieron contravenir todas las reglas con tal de zanjar el asunto. Fue una experiencia muy desagradable para ellos, entre mi huelga de hambre y el apabullante apoyo que recibía desde el exterior. Había activistas acampados en los alrededores de la prisión, como mi camarada Peter Verzilov, y no dejaban de congregarse, cantar himnos y encender fuegos artificiales. Se dedicaban a formular quejas infinitas y seguían a los guardas a todas partes, haciendo preguntas incómodas sobre las condiciones de la colonia y el motivo de que usaran a seres humanos como esclavos.

El Consejo Presidencial me garantizó que se abriría una investigación sobre las violaciones de los derechos humanos que mencioné en mi carta abierta sobre las razones de mi huelga de hambre. Llegó a decir que me invitarían a la junta pública de supervisión cuando saliera libre. Sin embargo, en la cárcel no tardas en aprender una cosa: todos los funcionarios mienten descaradamente todo el tiempo. No se puede confiar en nadie. De todos modos, parecía una buena base sobre la que comenzar las negociaciones.

Debido a mi huelga de hambre, se produjo una revisión profunda de la colonia penal en la que estaba recluida. De hecho, fue ese consejo el que la inició. La mayoría de las internas se sentían demasiado intimidadas para hablar con la comisión investigadora, pero la jornada laboral se redujo a ocho horas durante un tiempo. La comida mejoró un poco. El director perdió su empleo.

Al poco tiempo me trasladaron de Mordovia, en Rusia central, a Siberia. Los agentes federales moscovitas pensaron que sería más fácil encargarse de mí si me encontraba lejos. También esperaban que los activistas, periodistas y abogados no me siguieran hasta Siberia. Sorpresa: se equivocaban. Peter Verzilov *el Grande*, azote de los funcionarios de prisiones, apareció en Siberia antes incluso de que llegara yo. No tardó en organizar una comunidad local de activistas para ayudarme, y cuando finalmente estuve en Siberia (después de un mes de viaje en trenes penitenciarios y estaciones de tránsito), ya había un campamento montado en los alrededores de mi prisión.

Y

Luego de mi huelga de hambre empezaron a producirse situaciones desternillantes. Aunque seguía estando en la cárcel, la actitud que tenían los guardas hacia mí era totalmente distinta. Me trataban como a una igual. Al principio me quedé a cuadros, pero luego me relajé y me dediqué a disfrutarlo. La Navidad había llegado en pleno verano. Algunas veces daba la impresión de que se sentían un poco intimidados ante mi presencia. A sus ojos, había pasado de ser una presa a un miembro de la junta pública de supervisión. Gané un montón de poder simbólico, y de peso también. Eran muy conscientes de lo que les había pasado a los oficiales del campo mordvino a causa de mi carta abierta y mis protestas, y no querían perder sus puestos.

Durante un mes se limitaron a esconderme de todo el mundo trasladándome de una prisión a otra. Mis amigos y familiares no sabían dónde paraba ni si estaba viva o muerta. Pese a todo, yo me alegraba del cambio. Cuando subes a un furgón o tren de prisioneros, da igual que sean lugares oscuros y tétricos, porque sientes que la esperanza renace en tu interior. Porque sabes que las cosas no pueden ir a peor de lo que están, y, por lo tanto, deben mejorar.

Al llegar a mi nuevo centro, vi a los cargos más altos de la prisión esperándome en fila para saludarme y preguntar cómo me iba. De repente empezaron a preocuparse por cumplir todas y cada una de las leyes vigentes.

Recibí todas las cartas que los censores de Mordovia me habían ocultado durante un año. Cuando las recibí, me sentí como si me hubiera tocado el mayor premio del mundo. Eran cuatro sacos enormes de cartas en ruso, inglés, chino, francés, español y otros idiomas. Paquetes y más paquetes de postales que me enviaban personas maravillosas de todas las partes del mundo. Pasamontañas de punto en miniatura. Pasamontañas multicolores. Aquellas demostraciones de apoyo me arrancaron las lágrimas: a lo largo de todo ese año en Mordovia, en los momentos más duros de mi vida, no podía ni imaginar cuántos activistas apasionados seguían nuestra historia y estaban lo bastante comprometidos como para enviar cartas a un campo de trabajos forzados ruso en mitad de ninguna parte.

Mantuve conversaciones mentales con toda esa gente, oí sus voces, me imaginé los detalles de sus vidas. Esta es una chica de dieciséis años de Arizona, fan de Kathleen Hanna; aquí, una ancianita de Novosibirsk, a quien le gusta la música clásica y la lingüística alemana; y aquel, un veinteañero de Ámsterdam que lucha contra el cambio climático. No lloré por autocompasión, o no solo por eso, sino porque me quedé sin palabras ante esa sinfonía de personas que se esforzaban por atravesar los alambres de púas y los muros de la prisión con tal de animar a dos chicas rusas a seguir resistiendo. Lloré porque había olvidado que los presos podían merecer amor, simpatía y respeto. Y todas esas voces, en tonos y timbres distintos, eran lo bastante potentes para superar la censura, y llenaron mi celda con la bella canción de un coro activista. A pesar de lo mucho que pesaban, me llevé esos paquetes de cartas de un centro a otro, orgullosa de ellas. Cuando los guardas me registraban y las veían, se daban cuenta de que podía encontrarme físicamente sola en la prisión, pero que formaba parte de una poderosa comunidad de espíritus afines. Y esa es una idea muy importante que todos deberíamos implantar en nuestras cabezas: no estamos solos, tenemos un ejército a nuestras espaldas.

También recuperé los libros que me robaron los funcionarios mordvinos. Me los habían quitado porque no querían que ninguna reclusa se sintiera inspirada para actuar, algo que no desea ningún guarda. Se trataba de las memorias de disidentes soviéticos como Varlamov y Solzhenitsyn. Asimismo, leí las notas de Dina Kaminskaya, una valiente abogada que defendió a buena parte de los opositores de la URRS, por lo que fue sometida a una estrecha vigilancia. Leía acerca del poeta rebelde Yuri Galanskov, quien murió en 1972 en el hospital de una cárcel mordvina, donde tuvo lugar el grueso de mi lucha contra la administración de prisiones. Leí a Vladímir Bukovski, quien mantuviera el ánimo mientras lo obligaban a comer o a realizar durísimos trabajos forzados. Las memorias de Natalia Gorbanevskaya, una de las disidentes que se presentaron en la Plaza Roja en 1968 —justo después de la invasión soviética de Checoslovaquia— con una pancarta que decía «Por nuestra libertad y la vuestra» (los manifestantes fueron condenados a tres años en campos de trabajo o ingresados en manicomios). Estuve leyendo y preguntándome si el poder del espíritu y la voluntad del ser humano tenían algún límite.

Estando en la muy estricta prisión de Omsk, leí las memorias de la revolucionaria rusa Vera Figner, cuando decidí que sería mi icono de estilo de por vida, con su rigor y su aspecto entregado, sus camisas bien abotonadas, su combinación imbatible de dureza, ascetismo y leve coquetería. Vera puso en marcha actos de protesta aunque pudiera caerle una cadena perpetua en castigo. En el tren de un centro a otro, sin saber adónde me dirigía, leí la historia de la disidencia soviética según Liudmila Alekséyeva, una veterana del movimiento por los derechos civiles de mi país, quien hoy en día sigue activa a sus noventa años. En el hospital de mi cárcel siberiana leí *Los miserables* y *Noventa y tres* de Víctor Hugo, en cuyos pasajes elogia el autor la sublime locura del espíritu revolucionario. Y el ensayo de Osip Mandelstam sobre aquel fascinante poeta medieval, asesino, convicto y blasfemo, François Villon.

Gracias a la huelga de hambre aprendí que es mejor quejarse que callar. Alzar la voz para hablar de tus valores y objetivos es mejor que no decir nada. Antes de asimilar esta lección, había intentado ser paciente en Mordovia durante un año. Traté de convencerme a mí misma de que nada podía cambiarse, pues todo era corrupción. Pensaba que era demasiado débil para lograr cambio alguno. No hay nada más típico que esa clase de ideas que nos hacen rendirnos antes de empezar, sin llegar a intentarlo siquiera. Lo que a menudo se nos escapa es que nuestros intentos pueden no dar frutos al momento, pero sin duda nos otorgan poder, músculos y fuerza. Estando presa, mis protestas me volvieron mucho más poderosa que antes.

«¡Estamos contigo, chica!»

«¡Eres lo más!»

«¡Le has dado una buena paliza al sistema, hermana!»

«Te respeto.»

Son cosas que oí de boca de ancianos prisioneros cubiertos de tatuajes alucinantes en las cárceles de paso o los vagones de tren. ¿Acaso puede haber algo mejor que esa clase de respeto?

Puesto que los funcionarios se sentían un pelín intimidados y aturullados ante mi presencia, acabé viviendo en un carrusel de surrealismo carcelario. Por ejemplo, comenzaron a comprarme comida especial en vez de darme el rancho acostumbrado. Así fue como disfruté de unas costillas de cordero con puré de patatas en la prisión de Chelyabinsk. El único motivo para ello fue que mencioné la horripilante dieta de la cárcel de Mordovia en mi carta abierta, tras lo que se hizo mundialmente famosa.

En Abakan me asignaron a una celda con una jovencita que estaba a punto de cumplir años. Cuando vio la comida que empezaron a traernos tras mi llegada, no se lo podía creer: eran verduras y carne de verdad. La chica me estaba preguntando por las diferencias que había entre el polo norte y el sur, entre Stalin y Madonna, cuando llegaron los guardas y la felicitaron por su cumpleaños. La pobre no daba crédito. Antes habían sido groseros con ella y la comida daba asco. Más adelante me invitaron al despacho del director, quien me habló durante horas sobre su vida, sus amigos y enemigos, sus miedos y esperanzas con respecto a la prisión, el estado de su economía y los trabajos que se llevaban a cabo. En el fondo, la idea que quería transmitirme era la siguiente: «Mira, aquí tenemos un buen negocio montado; no nos lo estropees con tu activismo, ¿vale?».

Al final de mi periplo de un mes llegué hasta Krasnoyarsk, en Siberia, donde me ingresaron en la prisión más grande y antigua de la región. En realidad, me alegró que me mandaran a Siberia, ya que es mi tierra. Los siberianos son un pueblo maravilloso. Además, cumplí mi sueño de pisar aquella cárcel, un deseo que había albergado desde los cinco años. El apartamento de mi abuela, donde pasé mucho tiempo en mi infancia, está situado justo al otro lado de la calle. Recuerdo haber tenido cinco o seis años y pasar por delante de aquellas verjas enormes que despertaban mi curiosidad. «¡Cómo me gustaría entrar ahí! ¿Se podrá escapar de alguna manera? ¿Y si cojo una escalera y echo un vistazo?», solía pensar. No me cabe ninguna duda de que tengo algo de bruja, porque todo lo que deseo fervientemente acaba sucediendo de forma inevitable.

Mi último destino fue un hospital penitenciario, uno de los presidios más prósperos de todo el país. El sistema de prisiones ya se había hartado de escuchar mis quejas. Allí me dejaban escribir, leer y pintar lo que quisiera. En lugar de llevar el estrecho e incomodísimo uniforme habitual, íbamos en pijama. Y por fin pude participar en una banda de rock de la cárcel. Nos llamábamos los Free Breathe. Era un grupo mixto, de cuatro hombres y dos mujeres, incluida yo misma. Todos los días a las 18:30 nos escoltaban hasta el teatro de la prisión, donde nos dedicábamos a ensayar. Aquello habría resultado inconcebible antes de mi huelga de hambre. Había tratado de visitar el teatro de la prisión de Mordovia en un par de ocasiones, pero solo conseguí que me castigaran.

Uno de los componentes del grupo, un chico muy tierno que se buscaba la vida robando coches, me propuso que intercambiáramos cartas de amor. En la cárcel, las cartas de amor son un bien muy preciado. Es típico que la gente escriba a personas que no ha visto nunca. Sin embargo, yo sabía que nunca se me daría bien un género tan sentimental, cosa que le dije, de modo que acabamos escribiéndonos raps políticos el uno al otro.

En cualquier caso, lo mejor fue cuando salimos de gira. Dimos un par de conciertos en nuestro propio centro y luego salimos de allí. Era como una gira normal, pero con una furgo de la cárcel. Metíamos las guitarras y los teclados dentro de nuestra jaula y tirábamos millas. Una vez fuimos a un penal femenino, donde canté algunas canciones de la cantautora rusa Zemfira que hablaban del amor sexual entre mujeres (un tema y una práctica que están prohibidos por ley en todas las prisiones del país): «Soñé que las personas se deseaban de forma distinta». Después del concierto, los funcionarios me llevaron a hacer una visita privada por sus instalaciones y me enseñaron las celdas de aislamiento. Nos dieron comida especial y montones de chocolatinas y caramelos. Fue algo de lo más extraño.

Me soltaron al cabo de dos meses, y entonces volví a Mordovia con comida y medicamentos para mis compañeras de la cárcel. Durante la visita, fui agredida dos veces por matones contratados por la policía. Por supuesto, al final no me dejaron entrar, y nuestro abogado nos informó de que desde mi marcha habían vuelto a aumentar la jornada laboral a dieciséis horas.

En Rusia no se puede confiar en los oficiales de prisiones, por lo menos en los que se posicionan políticamente.

Hay que vigilarlos a todas horas. Y deberían ser responsables de sus actos. La mayoría de ellos tiene malas intenciones, y si te dicen que no, es porque mienten.

Si lo piensas, es lamentable que todo el sistema político ruso se sustente en un mismo principio: hay personas a las que se les debe dar un trato especial y luego están los demás. También visitamos un par de correccionales masculinos que nos transmitieron la misma impresión. Como activista, no hay nada que me guste más que esa sensación de que puedo cambiar las cosas, pero sin dejarme tentar por los privilegios personales.

No hay nada de bueno en toda esa hipocresía y presunción, pero el extraño comportamiento de los oficiales pone en evidencia todo el poder que se puede alcanzar solo por alzar la voz. La mía se vio amplificada por las de todos los defensores de Pussy Riot, y así se convirtió en una polifonía que sacó de sus casillas al sistema ruso de prisiones al completo. Y cuando eso sucede, somos felices y lo celebramos.

¿Me permitís que termine relatando una pequeña anécdota sobre la cárcel?

Hay momentos en los que parece que no hay nadie que tenga ideas políticas radicales, pero si te fijas bien, están por todas partes. Mira a ese policía que acaba de detenerte. Obsérvalo bien, habla con él. A lo mejor está más cabreado con los poderosos que tú.

Una vez mantuve una conversación con uno de los guardas de la prisión, separados por los barrotes de mi celda.

—En realidad no falta mucho para que estalle la guerra civil —dijo—. Estamos abocados a ello. Putin se aferra al poder y no tiene intención de moverse de donde está. Algún día, tú y yo estaremos en el mismo bando.

—¿Y qué pasaría si te pillara con el uniforme puesto?

—Es muy sencillo: yo no le he jurado lealtad a este gobierno. Ya no les debo nada. Me quitaré el uniforme y lucharé a tu lado.
—¿Cuándo?
—Cuando empiece la revolución.

Héroes

MICHEL FOUCAULT

> ¿Puede extrañar que la prisión se asemeje a las fábricas, a las escuelas, a los cuarteles, a los hospitales, todos los cuales se asemejan a las prisiones?
>
> <div align="right">Michel Foucault, <i>Vigilar y castigar</i></div>

Foucault es el poeta de la suspicacia. Si lo que quieres es aprender el truco de echar mano de la historia a fin de cimentar tu pensamiento crítico, Foucault es tu hombre. El francés se encaraba con la historia como un perro rabioso, a dentelladas y sin soltar a su presa. Identificaba una norma y desenterraba el origen que había detrás, ya fuera la sexualidad, la locura, la cárcel, la vigilancia u otra convención. Era un elegante asesino de la normalidad.

Descubrí a Foucault con diecisiete años, por lo que es posible que se me escaparan algunas cosas en su momento, pero lo que sí entendí era que no debía dar nada por sentado. Y fue un alivio, porque el mundo de los adultos esperaba que creyera y aceptara sus dogmas en lugar de investigar, dudar y preguntar, como estaba en mi naturaleza. El francés, por el contrario, exponía de manera clara y convincente que entre el sistema y las personas siempre se entablaba una lucha de poder que conducía a cierta idea, una idea que nos tienta para que la consideremos axioma.

La reacción básica e instintiva de las Pussy Riot ante la vida consiste en negarse a obedecer a toda autoridad: la cárcel, la universidad o la industria discográfica. Tanto

Foucault como nosotras luchamos contra los mismos demonios: el pensamiento rígido y restrictivo, la normalización, la clasificación, la encarcelación. Cuando alguien nos comenta algo sobre «una norma» (o «es normal, asúmelo», «así son las cosas», «acepta que no se puede cambiar»), intentamos descubrir quién se beneficia de que nos traguemos tal patraña.

Su primera obra, *Historia de la locura en la época clásica*, se publicó en 1961, el mismo año en que la Unión Soviética envió al primer ser humano al espacio, la República Democrática Alemana cerró la frontera entre Berlín este y oeste alzando el Muro, John F. Kennedy ganó las elecciones a la presidencia y la CIA trató sin éxito de derrocar a Castro con la invasión de Bahía de Cochinos. El escritor tenía entonces treinta y cinco años, y su libro era una crítica al enfoque moderno de la locura que había presenciado trabajando en un psiquiátrico de París y más adelante a través de su propio tratamiento.

La *Historia de la locura* de Foucault es un ejemplo glorioso de cómo deben cuestionarse las normas antes de aceptarlas sin más. Según apunta el autor, el concepto de enfermedad mental era una idea novedosa, creada como aparato de control.

Vigilar y castigar, su libro sobre las prisiones, la normalización y la vigilancia de masas, publicado en 1975, se rige bajo un lema muy claro: «no castigar menos, sino castigar mejor». En él describe la manera en que la cárcel se convierte en el modelo de control para toda la sociedad, basando sus fábricas, hospitales y escuelas en el ejemplo de la cárcel moderna.

Foucault nombra tres técnicas básicas de control: el respeto a la jerarquía, la normalización de opiniones y la vigilancia. Treinta y ocho años antes de que Edward Snowden filtrara los datos que poseía sobre las actividades de la NSA, Foucault ya nos había advertido que se podía controlar a la gente solo con observarla.

Pensemos en todas las atrocidades que han sido legales (y siguen siéndolo). La esclavitud era legal. En Estados Unidos, la segregación siguió siendo legal hasta 1964, tras la implantación de la Ley de Derechos Civiles, cuando se abolieron todas las normativas estatales y locales que la permitían. En mi país, aún es ilegal hacer «propaganda de la homosexualidad» (refiriéndose a hablar sobre cualquier tema LGBTI). Por otro lado, las guerras son legales, igual que lucrarse con los asesinatos (General Electric, la empresa que hace vuestros frigoríficos, y Boing, en cuyos aviones viajáis, son dos de los mayores fabricantes de armas del mundo, dirigen negocios perfectamente legales y se aprovechan de las guerras). **La externalización del trabajo hacia países fuera de Occidente para hacer ordenadores y teléfonos con mano de obra más barata y que sean unos niñitos asiáticos quienes cosen nuestros pantalones, eso también es legal.** Destruir el planeta con emisiones descontroladas de dióxido de carbono es igual de legal, y una práctica común entre hombres muy respetados. Por el contrario, cantarle las cuarenta al poder y contar la verdad puede resultar ilegal, en Rusia, en Estados Unidos y en todas partes.

La prisión es el modelo arquitectónico ideal del poder disciplinario moderno. Hay cámaras de vigilancia en cada rincón y los presos pueden ser observados en todo momento. Pero no saben exactamente cuándo. Como señala Foucault, puesto que no saben si los espían, han de actuar como si lo hicieran siempre.

Las cárceles son un reflejo de la sociedad que las mantiene. A menos que cambiemos ambas cosas, seguiremos atrapados de alguna manera.

Teología de la liberación: una conversación con Chris Hedges

Chris Hedges fue el editor jefe del *New York Times* en Oriente Medio durante siete años y corresponsal de guerra en las Malvinas, El Salvador, Nicaragua y Bosnia. Formó parte de un equipo del *Times* que ganó un premio Pulitzer por un reportaje sobre terrorismo en 2002. Además de ser un prolífico autor, ha impartido clases en Columbia, la Universidad de Nueva York, la de Toronto y en Princeton, además de en un número creciente de prisiones. En 2014 se ordenó como ministro presbiteriano.

NADYA: Trabajas en Princeton, una de las universidades más prestigiosas de Estados Unidos, donde enseñas a quienes aspiran a formar parte del uno por ciento. ¿Intentas influir en ellos?

CHRIS: No puedes hacerles cambiar de opinión. Aquí, en los lugares como Princeton, se trabaja muy duro. Muchos son muy inteligentes, pero como cuesta entrar en estas instituciones, están condicionados para plegarse a la autoridad. Las grandes empresas como Goldman Sachs mandan a gente al campus a cazar talentos. Los estudiantes suelen definirse por el prestigio y el éxito financiero, de modo que se dejan tentar fácilmente, lo que es una pena. No se trata de que no sean buenas personas, porque lo son, y muchos de ellos tienen conciencia. No diría que son débiles... en ese sentido.

NADYA: Yo era una empollona en el instituto, la mejor de la clase. Obtuve una beca para estudiar en la Universidad Estatal de Moscú (sin sobornar a nadie) y luego entré en política, así que posible es. ¿Cómo fue en tu caso? Me da la sensación de que también eras un empollón.

CHRIS: Desde luego, un auténtico empollón. Cuando tenía diez años me mandaron a un internado de élite para ricos. Yo era uno de los únicos dieciséis chicos con beca. La familia de mi madre en el estado de Maine era de clase obrera, incluso baja.

Al conocer al resto del alumnado, observé que muchos de ellos eran muy mediocres en todos los sentidos, incluida la inteligencia, y me di cuenta de que los ricos reciben una oportunidad tras otra. Si eres pobre, te dan una única oportunidad, y eso en el mejor de los casos. Comprobar aquello hizo que pusiera los pies en la tierra.

Por lo tanto, siempre he sido muy político desde niño. Siempre estaba luchando contra el sistema, y como por suerte era muy buen estudiante, se me daba bien el deporte, no bebía ni tomaba drogas, no tenían por dónde cogerme. Estando en el instituto llegué a fundar un periódico clandestino, que fue prohibido por la directiva.

NADYA: Claro.

CHRIS: Era un periódico muy serio. Escribía acerca de temas que me importaban y que no solían abordarse en las gacetas estudiantiles. Por ejemplo, sobre los trabajadores del comedor, negros pobres que vivían encima de la cocina en unas condiciones infrahumanas. Los alumnos tenían vetada la entrada, pero yo subí una vez e hice fotos. Luego esperé hasta el acto de clausura del curso, cuando estaban todos los padres reunidos, y repartí el periódico entre ellos para abochornar al colegio delante de los patrocinadores.

Durante ese verano, se reformó la cocina del centro, y a mi vuelta los trabajadores habían colgado una pequeña placa en mi honor.

NADYA: Vaya.

CHRIS: Por otro lado, mi padre era activista y ministro

presbiteriano. Combatió en la Segunda Guerra Mundial, pero volvió del frente convertido en pacifista. Se involucró en el movimiento de protesta contra la Guerra de Vietnam y en el de los derechos civiles. Sin embargo, vivíamos en un pueblo agrícola de mayoría blanca, donde Martin Luther King era uno de los hombres más odiados sobre la tierra.

Mi padre también participó en el movimiento por los derechos de los homosexuales, ya que su hermano era gay, motivo por el que la Iglesia terminó prescindiendo de él. Aquello me marcó porque me hizo entender que nadie te iba a premiar por tu activismo. Si de verdad te sitúas junto a los oprimidos, te tratarán igual que a ellos. Fue una lección crucial que aprendí muy joven gracias a mi padre, y que fue mi salvación porque dejé de ser un ingenuo. Sabía que no iban a elogiarme por hacer lo que debía. Conocía el precio que había que pagar.

En mi universidad de Colgate no había asociaciones de gais y lesbianas. Por aquel entonces, mi padre predicaba en una iglesia de Syracuse, a una hora de distancia, y solía llevar a ponentes gais al campus, donde animaba a la gente a salir del armario, pero a todos les daba mucho miedo hacerlo. Entonces me dijo que iba a tener que ser yo quien creara una asociación de gais y lesbianas, cosa que hice, aunque no fuera gay.

NADYA: ¿Sabes si sigue habiendo otros sacerdotes de izquierdas con los que podamos hablar? Yo di con mis huesos en la cárcel por entrar en una iglesia y porque me importa la Iglesia.

CHRIS: Mi teólogo favorito es James Cone, el único que merece la pena leer en Estados Unidos. Es el padre de la teología de la liberación negra. Cone criticó a la Iglesia blanca comparándola con el Anticristo. Y afirmó: «Si nos fijamos en los linchamientos de hombres, mujeres y niños negros en el Sur... ¿qué es lo que vemos? Es la crucifixión». Pero la Iglesia blanca se mantuvo en silencio. De hecho, la Iglesia blanca del Sur apoyaba esas prácticas. Pese a enfrentarse a la manifestación física de la crucifixión ante sus propios ojos, no dijeron nada. Hace un año más o menos le pregunté si seguía pensando lo mismo, a lo que me respondió: «Bueno, si definimos al Anticristo como todo aquello contra lo que luchaba Jesucristo, yo diría que sí».

Después del siglo III, con la llegada al poder de Constantino, los apologetas —san Agustín, santo Tomás de Aquino y otros— crearon una teología que considero no solo contraria al mensaje fundamental de las escrituras, sino que además se empleó para santificar el poder del estado. Así es cómo se inició un milenio de dominio de la Iglesia, persecución religiosa y opresión de los pobres. Hay un teólogo llamado Paul Tillich que afirma que todas las instituciones, incluida la Iglesia, son demoníacas por naturaleza, y no le falta razón.

Si quieres puedes ver mi ceremonia de ordenación por internet. James Cone pronunció el sermón, Cornel West también dijo unas palabras, había un grupo de blues e invitamos a las familias de mis alumnos de la cárcel a una iglesia de la ciudad. Cuando me preguntaron si iba a obedecer las normas eclesiásticas, mi respuesta fue: «Lo haré cuando la Iglesia haga las cosas bien».

El papa Juan Pablo II le hizo un daño tremendo a la Iglesia, todo por culpa de su fobia al comunismo. Aquello la hizo virar hacia la derecha, y desde entonces ha estado entregada al neoliberalismo. Se olvidó de la justicia. Desde luego se olvidó de los pobres. Por eso resulta irrelevante en su mayor parte, y hasta diría que el último acto relevante de la Iglesia en Estados Unidos fue el auge de la derecha cristiana. Pero no son cristianos, son fascistas.

Los fascistas cristianos están llenando el vacío ideológico dejado por Trump, dado que este no tiene más ideología que la de su propio narcisismo. Cuando fusionas la iconografía y el lenguaje de una religión con el estado, lo que se produce es fascismo, y eso es lo que hay.

NADYA: ¿Cuál es tu opinión sobre la política identitaria? ¿Crees que ha sido absorbida por el liberalismo?

CHRIS: Ha sido absorbida a toda prisa. Por ejemplo, el feminismo. Si retrocedemos y leemos a Andrea Dworkin y las auténticas feministas, vemos que su objetivo era liberar a las mujeres oprimidas, pero al feminismo de ahora solo le interesan las empresarias o, en el caso de Hillary Clinton, las presidentas. Se ha pervertido todo, como el hecho de que hubiera un presidente afroamericano dirigiendo el imperio. Según opina Cornel West, Barack Obama es la mascota negra de Wall Street. Y la izquierda se ha dejado seducir. Ha sido una cuestión de inmadurez política y un abandono deliberado de los pobres, ya que las personas de color de las comunidades marginales no solo han perdido sus empleos, los han desahuciado de sus hogares y los han mandado al sistema de prisiones más grande del mundo, además los están matando a tiros, un día sí y otro también.

Los procedimientos judiciales son una farsa. No se practica el *habeas corpus*, no se sigue el proceso debido y el noventa y cuatro por ciento se ve obligado a declararse culpable de delitos que no cometió.

NADYA: Porque tienen miedo.

CHRIS: Los presos a los que doy clase y que tienen las condenas más largas son aquellos que fueron a juicio aunque eran inocentes. Encima tenían que dar ejemplo con ellos, porque si todo el mundo fuera juzgado, el sistema se colapsaría. Así que te encasquetan doce o quince cargos, de los que saben que no has cometido ni la mitad, y te dicen que no vayas a juicio, porque «mira lo que le pasó a ese pobrecito que lo hizo». Una vez le di clase a un hombre que tenía una condena perpetua más cincuenta y cuatro años, pese a no haber cometido nunca un delito violento. Es de locos.

NADYA: ¿Qué fue lo que hizo?

CHRIS: Posesión de armas y estupefacientes. Pero nunca se le acusó de un delito violento. Ese es el problema: al desindustrializar la sociedad, se crea mano de obra redundante o sobrante, que suele ser negra o de piel oscura, por lo que es necesario ejercer algún tipo de control social sobre ellos, ya que se convierten en excedente humano. ¿Y cuáles son los instrumentos de control social? La encarcelación masiva y la policía militarizada. Si vas a Newark, Camden o cualquiera de las zonas pobres de Nueva Jersey, verás que son estados policiales en miniatura, donde no hay derechos, los cuerpos de élite tiran tu puerta abajo en plena noche con armas de alto calibre, aterrorizando y a veces matando a todo lo que se mueve, a causa de una orden judicial por temas de drogas sin violencia. Es un auténtico infierno. Y es lo que va a extenderse por todo el país.

Ahí están los diez mil nuevos agentes de policía, los cinco mil nuevos efectivos de las patrullas fronterizas, el aumento del diez por ciento del ejército, cosas que no hemos pedido. Se está implantando una militarización completa de la sociedad.

NADYA: ¡Algo que no quiere nadie, pero a ellos les da igual!

CHRIS: Además, las élites liberales son cómplices, porque cuando esto le pasaba a la gente pobre de color, solo se preocupaban por cumplir la cuota de miembros LBGTI dentro de sus instituciones de élite.

A todo el mundo se le llena la boca hablando del avance de los derechos de los homosexuales, pero es mentira. Es un avance para las élites, pero si eres un gay sin estudios y trabajas en una gasolinera en la Kansas rural, tienes las cosas peor que antes. La situación se ha vuelto más peligrosa con el auge de la derecha cristiana. Y esas élites gais de Nueva York y San Francisco les han dado la espalda a los pobres... No se trata solo de la violencia, es que por culpa de las iglesias evangélicas, esos jóvenes creen que son impuros, que están enfermos, y por eso se ha disparado la tasa de suicidios.

Estamos hablando de un problema de clases en todos los sentidos, con la complicidad de las élites neoliberales en connivencia con el resto del país. A los pobres se les da la espalda, sobre todo a los negros.

Richard Rorty ya nos advertía de que este era un juego peligroso en su obra *Forjar nuestro país*, escrita en 1998. Si estás en un sistema liberal en bancarrota que sigue hablando el idioma de la democracia liberal pero traicionando esos valores, a la clase obrera y a los pobres, que es lo que hemos visto con Trump, se producirá una revuelta en contra de esos valores, tal y como está sucediendo.

NADYA: ¿Cómo podemos hablar con ellos? Si profundizamos y analizamos la situación política que nos ha llevado a esta debacle, descubrimos que Trump no es más que un síntoma.

CHRIS: No quieren saber nada, ya que, igual que todos los que ocupan posiciones de poder, no quieren que nadie les quite sus privilegios. Entonces ¿cuál es su reacción ante las elecciones? ¡Fue culpa de Rusia! Una idea ridícula. No me gusta Putin, pero decir que Rusia manipuló las elecciones no tiene ningún sentido.

NADYA: Sé que es posible cambiar la opinión de la gente porque yo cambié la mía propia y lo hago todos los días.

CHRIS: Creo que la mayoría de la gente no cambia nunca de opinión. Para mí, el instrumento más poderoso que existe radica en relacionarse con los oprimidos. He estado en El Salvador, en Gaza, en Yugoslavia, en las prisiones de aquí, y pasé dos años en las regiones más pobres de Estados Unidos mientras escribía mi libro *Días de destrucción, días de revuelta*.

NADYA: ¿Qué les responde a quienes no dejan de preguntar cuál es la alternativa y sugieren que pretendemos destruirlo todo para poner otra cosa en su lugar? Yo les digo que solo tienen que mirar a su alrededor para darse cuenta de que hay mucha gente brillante cerca, y que cualquiera podría hacerlo mejor que Putin…

CHRIS: Putin no habría sido tan duro con vosotras si no se hubiera sentido amenazado. Nuestro cometido es asustarlos, hacer que tiemblen de pánico. El poder solo reacciona ante el miedo. La política se basa en el miedo. Apelar a su bondad sería un error, pues nunca dará resultado. ¿Quién fue el último presidente liberal de Estados Unidos? Richard Nixon, pero no porque tuviera alma, corazón o conciencia, sino porque temía lo que se podía lograr con los movimientos de la época. El estatuto federal de Seguridad y Salud de Minas y la Ley de Aguas Limpias llegaron de la mano de Nixon.

En las memorias de Kissinger hay un momento en el que miles de personas rodean la Casa Blanca manifestándose en contra de la guerra, y a Nixon no se le ocurre otra cosa que colocar autobuses vacíos como barricadas. Entonces se asoma a la ventana y dice: «Henry, van a saltar las barricadas y nos van a encontrar». Bueno, pues así es como deben de sentirse los poderosos en todo momento. Estuve viviendo en Francia cuando Sarkozy era presidente, y sé que se meaba en los pantalones cada vez que los estudiantes marchaban hasta París o los agricultores entraban con sus tractores.

NADYA: ¿Cuáles deberían ser nuestras peticiones? ¿Cuáles serán esas palabras que consigan unirnos a todos por fin?

CHRIS: Yo soy socialista. Creo que habría que mandar a la cárcel a casi todo Goldman Sachs y disolver la empresa. Habría que nacionalizar los bancos, igual que los servicios públicos y la industria de combustibles fósiles. Si bien es cierto que siempre habrá corrupción como sucede en Rusia, ahora nos hallamos en un punto en el que son esas industrias y corporaciones las que dirigen el país, y no podremos detenerlos hasta que les arrebatemos sus juguetes y su capital.

No digo que vaya a ocurrir, pero nuestra única esperanza es la revolución. Una revolución sin violencia. Tal y como están las cosas en Estados Unidos, entre la debilidad de la izquierda y la ausencia de conciencia política, es más probable que nos aguarde un contrataque de la derecha protofascista.

NADYA: Otra pregunta: ¿es posible una globalización de izquierdas? La globalización neoliberal no sirve al pueblo, pero la movilidad global me ha dado todo lo que tengo. Sin ella, estaría trabajando en la fábrica de níquel de mi ciudad natal.

CHRIS: Entiendo. Bueno, tenemos la globalización corporativa, un mal muy peligroso, y tenemos la globalización de los movimientos sociales porque el objetivo común es derrocar el neoliberalismo. Todos luchamos contra el capital corporativo.

Todos los movimientos revolucionarios se han nutrido unos a otros a lo largo de la historia. Llegan por oleadas. De este modo, vino la revolución estadounidense, luego la revolución francesa y después la independencia de Haití.

Creo sinceramente que nuestra única esperanza radica en unirnos de forma global sin recurrir al nacionalismo, como les gustaría que hiciéramos.

REGLA N.º 9

Crea alternativas

(Además de resistir, debemos crear modelos, costumbres e instituciones heterodoxos y poco convencionales. Revitaliza tu habilidad para soñar, para visualizar y crear futuros alternativos. La incapacidad de soñar nos hace cortos de miras. Hoy en día, el acto de rebelión más radical que existe es volver a aprender a soñar y a luchar por ese sueño.)

Puedes escuchar a los políticos, te llevarán por el mal camino. Debes ver la luz y debes ver el destino.
    Cockney Rejects, *Oi! Oi! Oi!*

Aquellos que estamos fuera y libres vamos a decir la verdad. Vamos a ser sinceros, a tener cierto tipo de integridad moral, espiritual e intelectual. Y no importa lo mucho que eso nos margine, bajo ningún concepto nos adaptaremos a la injusticia.
    Cornel West entrevistado
    en *Democracy Now*, 2016

Palabras

SIGUE CON TU RAREZA

Si tuviera que definir lo que hago de alguna manera, diría que mi trabajo es ser ridícula. **Hacer el ridículo es uno de los mejores medios para decir la verdad.** No finges saber nada, te limitas a hacer preguntas, reflexionar y sugerir. No obligas a nadie a construir tu propia versión de un mundo feliz.

Puede que a la gente que se comporta de forma rara los llamen enfermos o subnormales, pero es posible que ellos vean algo que los demás no ven. Pensemos en los profetas del Antiguo Testamento, por ejemplo, que se comportaban como unos bichos raros.

Si eres ridículo, si dices la verdad, te tacharán de loco.

Además de las prisiones, existen muchas otras maneras de convertirte en una mascota obediente y domesticada. Una de ellas es el control mediante la medicalización de la psicología, la psicoterapia y la psiquiatría.

Se recetan demasiados psicofármacos. El número de personas diagnosticadas con enfermedades mentales está aumentando de forma exponencial. Los mismos diagnósticos van en aumento. Nos invaden la ansiedad, el miedo y la soledad. La soledad es la enfermedad de nuestro siglo; eso es lo que leí cuando, desesperada, busqué por Google «ME MUERO DE SOLEDAD QUÉ HAGO».

No obstante, no nos preguntamos por los motivos de esta plaga. Estamos aislados con nuestros problemas, los cuales percibimos como problemas menores y personales. Además, empezamos a sentirnos culpables por nuestras ansiedades y temores porque nos hacen menos productivos y terminamos tomando medicamentos para aumentar nuestro rendimiento. ¿Por qué hay tanta gente que no se siente del todo bien? ¿Y por qué el objetivo del tratamiento es hacer que los pacientes se conformen a la norma en vez de atacar la raíz que hace que millones de personas estén deprimidas?

¿Y si ciertas tendencias socioeconómicas condujeran a esta explosión de enfermedades? Cuando la competición y el éxito a toda costa se han convertido en nuestra ideología, ¿de verdad debería sorprendernos este abrumador sentimiento de aislamiento y desesperanza? **La solidaridad competitiva no existe; el amor competitivo tampoco existe.** Algunas cosas no están hechas para ser competitivas, como el acceso a la solidaridad, el amor, la atención médica, el aire puro y el agua fresca. Sin embargo, las fuerzas actuales más poderosas —la privatización y la desregularización— se basan en volverlo todo competitivo. Así pues, si tanta gente se siente jodida y engañada, puede que estén jodidos y engañados. Parece un pato, nada como un pato y hace cua, cua.

La presunta neutralidad científica de los tratamientos modernos de la locura es en realidad una tapadera para controlar las afrentas a la moral burguesa convencional. Según esa moral, la locura es una enfermedad mental, que presentan como un hallazgo científico objetivo e incontrovertible, pero su postura no tiene nada de neutral. **Tachar de enfermos mentales a aquellos que piensan de forma distinta, obligándolos a tomar medicamentos y encerrándolos en hospitales, forma parte de un poderoso instrumento de control.** De hecho, es la técnica de control más peligrosa, pues parece contar con la aprobación de la ciencia. La autoridad científica está diseñada para que te sientas pequeño e impotente. Te han hecho creer que «los científicos saben más que tú», pero deja que te diga una cosa: la próxima vez que pienses que la ciencia es irrebatible, piensa en la eugenesia. Los eugenistas afirmaban que servían a la ciencia mientras masacraban a millones de inocentes en su nombre. Por eso tengo problemas con los expertos. No me fío de ellos.

Υ

En los años sesenta y setenta se produjo un amplio movimiento en contra de la psiquiatría. ¿Cuál era su idea principal? El hecho de que muchas veces el tratamiento resultaba más perjudicial que beneficioso para los pacientes. Ejemplos clásicos: la terapia electroconvulsiva, la terapia de choque con insulina y la lobotomía. El movimiento consiguió un montón de logros y los métodos han cambiado desde entonces, pero eso no significa que la sociedad civil deba relajarse y dejar de controlar el mundo de la psiquiatría. Una de las cuestiones más preocupantes de la actualidad es el aumento en la prescripción de psicofármacos a niños. La industria farmacéutica es un negocio muy lucrativo, y no cabe duda de que debemos prestar atención a los múltiples casos en los que se recetan medicamentos solo porque así se favorece a las empresas y a los médicos. Es más, me choca lo poco que cuestionamos los orígenes y los motivos de los diagnósticos de los psiquiatras, algo que claramente deberíamos hacer.

«Una felicidad impensable en estado normal e inimaginable para cualquiera que no la haya experimentado... Estoy, pues, en perfecta armonía conmigo mismo y el universo entero.» Dostoievski describía así sus ataques epilépticos a un amigo. En *El idiota*, el personaje del príncipe Michkin relata sus episodios epilépticos y el momento previo a que se produjeran: «¿Y qué, si esto es enfermedad? ¿Qué importa que se trate de una tensión anormal si su resultado, tal como lo considero y analizo cuando vuelvo a mi estado corriente, contiene armonía y belleza en el máximo grado, y si en ese minuto experimento una sensación inaudita, insospechada hasta entonces, de plenitud, de ritmo, de paz, de éxtasis devoto que me inmerge en la más alta síntesis de la vida?». Michkin se sentía más vivo que en ningún otro momento: «Daría toda mi vida por ese instante», afirmaba.

El objetivo de las estructuras de poder, no obstante, consiste en no incentivar la epifanía, el júbilo y el éxtasis devoto. El objetivo del poder es crear ciudadanos mensurables y gobernables. Michel Foucault revela que es una idea relativamente nueva, del siglo XIX, la de que aquellos que se comportan de forma extraña simplemente están enfermos, que son inválidos y deben ser aislados de la sociedad.

Paul Verhaeghe, el profesor belga de psicología y psicoanálisis que cité anteriormente, escribió un llamativo libro en 2012 sobre la explosión de las psicopatologías en las sociedades occidentales modernas, con el título de *What About Me? The Struggle for Identity in a Market-based Society*. En él habla sobre el DSM, el *Manual diagnóstico y estadístico de los trastornos mentales*, y cómo en cada edición se añaden nuevos trastornos: «180 en la segunda edición, 292 en la tercera y 365 en la cuarta, mientras que la última, el DSM-5, diagnostica muchas de las emociones y comportamientos humanos. Médicamente, estas etiquetas tienen poca importancia, con muchos de los diagnósticos basados en simples listas. Las estadísticas oficiales muestran un aumento exponencial del uso de fármacos, y el objetivo de la psicoterapia está virando rápidamente hacia obligar a los pacientes a adaptarse a las normas sociales, podría decirse incluso que disciplinándolos».

«La medicina moderna es una negación de la salud. No está organizada para servir a la salud humana, sino a sí misma como institución. Enferma a más gente de la que cura», apuntaba Ivan Illich, un anarquista cristiano nacido en Austria que firmó en 1975 el icónico libro *Némesis médica: la expropiación de la salud*. Su argumento principal exponía que «el sistema médico se ha convertido en la mayor amenaza contra la salud». Según explicaba, «este proceso, al que denominaré "la medicalización de la vida", merece un reconocimiento político claro». Los medicamentos suelen tener efectos secundarios graves que son peores que el estado inicial, pero como los conseguimos de «profesionales» que (supuestamente) tienen acceso a la verdad universal sobre nuestra salud, los creemos de forma incondicional; lo que conlleva consecuencias inevitables para nosotros.

Si pensamos en la desigualdad económica, queda claro que es la causa de gran parte del estrés que sufrimos y por el que nos recetan antipsicóticos los médicos. Muchas familias de clase media y baja sufren de un estrés financiero constante debido al creciente coste de la propiedad y el alquiler de las viviendas, a los precios en aumento y a los salarios estancados. Estas situaciones de estrés crónico resultan indefectiblemente en un amplio abanico de problemas de salud.

Para resumir todo lo que he mencionado y todo lo que he olvidado decir, parece que vivimos en una situación paradójica:

1. La inestabilidad financiera permanente y el empobrecimiento nos están volviendo majaras.
2. Pagamos a un doctor caro para que nos dé un diagnóstico (uno de millones; hay diagnósticos para todos, para ti también) y nos entregue una receta.
3. Compramos medicamentos costosos, nos volvemos dependientes, nos enganchamos y pagamos millonadas a las farmacéuticas por drogas legales hasta el fin de nuestros días (o de nuestro dinero).

Creo que deberíamos encontrar una salida de este círculo vicioso.

¿Y si no fuera necesario tomar una pastilla para no sentirse ido, aislado, triste o jodido? ¿Y si a veces bastara con encontrar a otros que estén experimentando los mismos sentimientos, discutir nuestros problemas entre nosotros, organizarnos y resolverlo?

Si no tienes dinero para pagar las deudas estudiantiles, tienes derecho a sentirte triste, enfadado o jodido. Si trabajas todo el día y no tienes dinero para pagar el alquiler, tienes derecho a enloquecer. Pero no te tomes una pastilla, porque te ayudará a dormir, pero no resolverá el problema. Busca a tu gente.

En mayo de 2012, cuando esperábamos en una cárcel para mujeres de Moscú mientras nos investigaban, la psiquiatría hizo acto de aparición en el horizonte. He de admitir que me acojoné y empecé a agobiarme mucho. Después de pasar mi juventud estudiando el movimiento antipsiquiátrico, era muy consciente de los horrores disciplinarios de la psiquiatría. Además, supongo que habréis leído *Alguien voló sobre el nido del cuco* o visto la película. Pues bien, por aquel entonces nos sometieron a un examen psiquiátrico forense en el centro Kashchenko, una instalación que estuvo muy involucrada en los abusos políticos de la psiquiatría en la época soviética. Intenté aparentar tanta normalidad como pude, pero descubrí que mi médico sentía verdadera simpatía hacia nosotras y hacia nuestra causa. Por ejemplo, me dedicó una cálida sonrisa cuando a una pregunta suya le respondí que mis prioridades eran la libertad, la fraternidad y la igualdad. Sin embargo, al final se determinó que las tres sufríamos de un «trastorno de personalidad múltiple». ¿Cuáles eran los síntomas? «Actitud proactiva hacia la vida», «tendencia a la autorrealización», «defensa terca de su parecer», «inclinación a la beligerancia», «propensión a la protesta». Todo eso ponía en nuestro informe psiquiátrico, y la verdad es que no me molestó para nada la descripción. **Ellos lo definían como una condición anormal, pero yo las considero simples** características de un ser humano que tiene sangre en las venas.

El informe usaba un lenguaje muy parecido al que se empleaba en la época soviética para diagnosticar a los disidentes. Como sabemos, la psiquiatría disciplinaria se utilizaba ampliamente en la URSS como arma ideológica de control y represión. Un ciudadano soviético tenía que ser sumiso y no hacer preguntas. Aquellos que decían algo en contra de la opresión o mostraban independencia se consideraban sospechosos y alborotadores, una amenaza para la normalidad.

LA IMAGINACIÓN AL PODER

Una vez oí el intercambio siguiente en una clase rusa:

>Niños: Queremos justicia.
>Director: ¿Y qué es exactamente la justicia?
>Niños: Lo que no tenemos ahora mismo.

Debemos aprender a ser niños otra vez, a usar nuestra imaginación y empezar a pensar en alternativas que podamos crear con nuestras propias manos, en futuros posibles en los que nos podamos establecer reestructurando nuestras propias vidas, comportamientos, pensamientos, hábitos de consumo, ideas, conceptos políticos, noticias y redes sociales.

Muchas veces creemos que no es posible otro mundo, lo que podría llamarse la enfermedad del «no hay alternativa» (TINA, del inglés *There is no alternative*), cuando en el fondo no es más que una cuestión de falta de imaginación. «No hay alternativa» era el eslogan favorito de Margaret Thatcher. En su caso, se refería mayoritariamente a la economía. En un artículo para el periódico *The Nation*, Laura Flanders manifiesta que el TINA de Margaret Thatcher indicaba que «el capitalismo globalizado, los supuestos mercados libres y el libre comercio eran los mejores métodos para construir riqueza, distribuir servicios y hacer crecer la economía de una sociedad. La desregulación era buena, era Dios».

La enfermedad del TINA es mundial. Como activistas, estamos muy acostumbradas a escuchar esta respuesta estándar de nuestros compatriotas rusos: sí, nuestro gobierno es corrupto, los tribunales existen solo para proteger a las élites, la policía no da ni golpe y solo acepta sobornos, Putin es un ladrón, pero no hay alternativa.

Las estadísticas oficiales afirman que una mayoría aplastante de rusos (el ochenta por ciento) apoya a Putin. ¡Qué va! Un poco de investigación revela que hay muchos ciudadanos que son perfectamente conscientes de lo corrupto y avaricioso que es Putin, de cómo les está arrebatando a los rusos su dinero y sus derechos y de que está monopolizando los recursos entre su pequeño grupo de amigotes. Somos conscientes de que estamos viviendo en una plutocracia, una oligarquía; en una democracia, está claro que no. Pero aquí es donde entra el síndrome TINA. «¿Quién va a gobernar Rusia si no es Putin?», dicen. «¡Pues vosotros!», les respondo. Puedo garantizar que tenéis más dignidad, amor por vuestro país y respeto por vuestros conciudadanos que Putin. Esto es cien por cien verídico. Podemos gobernar de forma distinta. Hay suficiente gente inteligente y de buen corazón en nuestro país para manejar nuestros asuntos mejor de lo que lo hace el exagente de la KGB.

Lo mismo sucede en Estados Unidos. «Las políticas de la inevitabilidad son un coma intelectual autoinducido —afirma Timothy Snyder, autor de *Sobre la tiranía*—. Siempre que hubiera una competición entre el comunismo y el capitalismo, siempre que el recuerdo del fascismo y el nazismo estuviera vivo, los estadounidenses tenían que prestar algo de atención a la historia y preservar los conceptos que les permitían imaginar futuros alternativos. Sin embargo, una vez aceptamos la política de la inevitabilidad, asumimos que la historia ya no era relevante. Si todo en el pasado es gobernado por una tendencia conocida, entonces no hay necesidad de aprender los detalles.»

El TINA no ayuda al pueblo, sino a las élites. Nosotras decidimos luchar por nuestros sueños y escogemos recuperar el poder.

Hechos

ALTERNATIVA: OTRO SISTEMA DE CUERPOS DE SEGURIDAD ES POSIBLE

Meter a activistas políticos en la cárcel es un error: solo los fortalece y los convence más de sus creencias. Mirad si no cómo se fue acrecentando la leyenda de Nelson Mandela durante el trascurso de sus veintisiete años en prisión. Si quieres llegar a presidente o diputado, recuerda esta lección y no intentes silenciar a los activistas metiéndolos en la cárcel. No resulta nada práctico. Encontrarán una manera de comunicarse desde los juzgados y las celdas. Hallarán un modo de conseguir más poder del que pierden en su experiencia penitenciaria.

Putin y su equipo cometieron un error al encerrarnos. Se lo tenían merecido. Ahora no les resultará tan fácil deshacerse de nosotras.

Las autoridades califican las actuaciones de las Pussy Riot como controvertidas y ofensivas. Todos los vídeos de Pussy Riot fueron etiquetados como «extremistas» y se prohibió el acceso a ellos en Rusia por decisión judicial, y entiendo por qué: cuestionamos el poder. Sin embargo, también creo que darle una patada en el culo al gobierno es un derecho humano fundamental, y yo pongo el alma en todo lo que hago.

Υ

Cuando las autoridades están tan mosqueadas contigo que te tienen que encerrar, llévalo cual medalla de honor. La cárcel no te puede debilitar ni romper a menos que se lo permitas. **Cuando te roban la libertad, el poder sigue residiendo en tus decisiones y tu voluntad.** Nada sería peor para los que te encierran que el hecho de mantenerte orgulloso de tus valores incluso tras los barrotes. Es un juego cruel: su objetivo es aniquilar públicamente tu espíritu, pero tú buscas a escondidas maneras de aumentar tu valor y desarrollarte en vez de encogerte y morir (que sería lo esperable en semejante situación).

Mi época en prisión me proporcionó una sensación increíblemente dulce y paradójica de ser una ganadora y una perdedora al mismo tiempo. Estábamos en la cárcel, pero gracias a eso mostrábamos al gobierno como una panda de oligarcas y exagentes de la KGB avariciosos, mezquinos y cortos de miras, que se morían de miedo delante de tres chicas con vestidos de colores y gorros ridículos.

«Aquí en la cárcel he adquirido algo muy importante: un sentimiento de odio intenso hacia el sistema de estado moderno y la sociedad de clases —escribe el antifascista y anarquista Dimitri Buchenkov, doctor en ciencias políticas y entrenador de boxeo, quien acabó preso por una absurda acusación de motivación política tras las protestas de 2012—. Se trata de una experiencia muy importante para un revolucionario. Antes sentía lo mismo, pero de forma lógica. Ahora es una angustia emocional intensa. Quiero dar las gracias al comité de investigación y a todos los oficiales del caso por terminar de convertirme en revolucionario. Me faltaba ese pequeño detalle, la prisión, donde tuve la oportunidad de conocer a personas de todo tipo dentro de la sociedad rusa, desde yonquis hasta hombres de negocios. Nadie puede hacer tantas observaciones ni sacar tantas conclusiones políticas en un periodo tan corto de tiempo.»

Dimitri Buchenkov fue a la cárcel porque lo acusaron de participar en un acto político ilegal que tuvo lugar en Moscú el 6 de mayo de 2012. En realidad, Dimitri no estaba en Moscú ese día, así que era imposible que hubiera participado en ningún acto político, pero a la policía le dio igual. No les gustaba para nada el tío y lo encerraron porque era inteligente y un gran organizador de la comunidad.

En nuestro primer día tras nuestra liberación en diciembre de 2013, decidimos fundar Zona Prava (Zona de derechos). Su dirigente es Pavel Chikov, un brillante abogado ruso que nos defendió mientras estábamos presas.

La misión de esta iniciativa consiste en disolver el sistema policial actual, un régimen viciado que desgasta a la gente y escupe monedas, y ofrecer una alternativa a un método erróneo. La tasa de exoneración en la Rusia moderna es de menos del uno por ciento. ¿Qué significa eso a efectos prácticos? Significa que una vez te ves en una comisaría de policía, es casi imposible que salgas de ahí. Incluso aquellos que trabajan en el sistema están insatisfechos con él. Conozco policías para quienes la dignidad y el respeto propio son importantes. Tenemos exinterrogadores y exfiscales trabajando con nosotros para proteger los derechos de los reos. La gente muere a diario bajo custodia policial. Hay miles de muertes anuales en prisión, la mitad de ellas por tuberculosis, lo cual debería ser imposible dado el estado actual de la medicina, y de VIH, lo que en el exterior ya no es necesariamente una sentencia de muerte. Estamos reeducando a los funcionarios de prisiones y a los agentes de policía a base de miel y hiel para que empiecen a ver a los detenidos y a los convictos como seres humanos. Ayudamos a los presos a redactar quejas, peticiones y demandas. Estamos metidos en denuncias contra directores de prisiones en los juzgados rusos y en el Tribunal Europeo de Derechos Humanos, y ayudamos a presos gravemente enfermos a obtener la libertad condicional. Nuestros médicos visitan las colonias penales y llevan a cabo exámenes independientes en pacientes con cáncer e infectados de VIH.

Un año después de la liberación de las Pussy Riot, Zona Prava trabajaba en unas pocas docenas de casos por toda Rusia, de los cuales más de diez se desarrollaban en el Tribunal Europeo de los Derechos Humanos.

Hemos empezado a trabajar en campos de prisiones, y confiamos en que si podemos ayudar a los presos a encontrar medios legales de protesta en contra de su situación de esclavitud, podremos hacer mucho más por muchos rusos que quieren expresar su descontento con el sistema político putinista. Hemos recopilado un libro de quejas y sugerencias, aunque por ahora los ciudadanos no tienen acceso a sus páginas.

La gente acaba en la cárcel por cosas que pasan. Cuando me arrestaron, pensé: «Bien, estaré rodeada de mafiosos y aprenderé unos cuantos trucos». Pues no. La mayoría de los presidiarios están encerrados por la guerra contra las drogas. Incluso la posesión de marihuana puede llevar a una sentencia de cárcel de hasta ocho años. El siguiente gran grupo comprende a las víctimas de violencia doméstica, mujeres que habían sido golpeadas por sus maridos u otros miembros de la familia, a veces durante décadas, y que no pudieron soportarlo por más tiempo. ¿Qué iban a hacer? Tengo un montón de conocidas en esa situación, a quienes les decían en comisaría al ir a denunciar: «Pero ¡si todavía no te has muerto! Vuelve cuando te maten». En serio, es típico. Es como si recibieran instrucciones especiales sobre cómo responder a alguien que viene con quejas de violencia doméstica.

No podemos cambiar el sistema policial en un momento sin el apoyo del gobierno. Y nuestro gobierno, por supuesto, está haciendo todo lo que puede para evitar la reforma de las cárceles y los cuerpos del orden. Lo que podemos hacer es proporcionar información, abogados y el margen de seguridad permitido por el control público. Podemos ayudar a la gente a imaginar una forma distinta de hacer las cosas, en beneficio de todos.

ALTERNATIVA: UNOS MEDIOS DE COMUNICACIÓN DIFERENTES SON POSIBLES

A finales de 2013, Putin estaba muy descontento con los actos revolucionarios que se sucedían en Ucrania. Su lógica era clara: si podían darse giros radicales en un país que era nuestro vecino más cercano, su poder en Rusia no era tan estable como a él le habría gustado. Para Putin, provocar el caos en Ucrania y asegurarse de que nadie en Rusia viera la revolución ucraniana como un ejemplo positivo para cambiar el lugar de las élites por la soberanía del pueblo se convirtió en una cuestión de honor. Así pues, llevó a cabo tres pasos: el primero, la anexión de Crimea; el segundo, una guerra secreta en el este de Ucrania; y el tercero, una guerra pública contra Ucrania y todos aquellos que se atrevieran a criticar la invasión rusa. Justo cuando crees que la cosa no puede ir a peor, tu presidente envía a sus tropas a un país vecino, aunque dice que no (¡toma ya!), pese a la existencia de testigos y pruebas fotográficas. Un lavado de cerebro llevado al siguiente nivel.

Los estadounidenses tuvieron la mala suerte de sentir el influjo de la guerra sucia de los medios rusos durante las elecciones presidenciales de 2016. Sin embargo, nosotros ya llevamos mucho tiempo viviendo esta realidad, desde el comienzo de la primera legislatura de Putin en el año 2000.

Cualquier intento por proporcionar información real sobre lo que estaba ocurriendo durante la guerra de Rusia contra Ucrania en 2014 (no me refiero a defender una postura prorrusa o proucraniana, sino a informar con veracidad) ponía a la persona que lo hiciera en peligro. Despidieron y amenazaron a periodistas y editores, intimidaban a los inversores y a los anunciantes que se atrevían a dar noticias reales y los convencían para que dejaran de colaborar con «traidores».

Las fábricas de troles también estuvieron muy ocupadas. Hay redes gigantescas financiadas por el gobierno cuyo único propósito era diseminar información distorsionada por Internet. Les pagaban por poner un «no me gusta» en cualquier vídeo de YouTube que cuestionara el poder de Putin y su sistema. Había personas adultas que recibían dinero de los contribuyentes rusos por criticar, por ejemplo, un vídeo musical de las Pussy Riot. ¿En serio?

Otra herramienta popular son los ataques de DDos (denegación de servicio) a las páginas web que hablen mal del gobierno. Estos ataques tumban una página web durante un periodo de tiempo, cosa que resulta muy molesta cuando eres una agencia de comunicación y tu deber es informar tan rápido como sea posible. También está la opción de los juzgados y las agencias de vigilancia, que pueden bloquear el acceso a las páginas incómodas en todo el país.

El año posterior a nuestra liberación fue duro para los medios rusos; muchos fueron cayendo uno tras otro bajo la presión del gobierno. En 2014, la propaganda del Estado se volvió temeraria a más no poder, y se soltaban noticias falsas a diestro y siniestro. Fue una oportunidad única para comprobar lo engañosas que podían ser las cadenas de televisión.

Ese es el motivo de que creáramos un medio de comunicación independiente en 2014. (Como habrás visto, nos gusta complicarnos la vida.) Se llama MediaZona.

Nuestra meta es ofrecer una fuente de información alternativa sin ningún tipo de censura.

No es tan fácil engañar a la gente que es consciente

de lo que está ocurriendo. Por eso queremos ser un servicio de noticias de confianza. No publicamos columnas ni artículos de opinión porque creemos que nuestros lectores deben llegar a sus propias conclusiones. Confiamos en nuestro público. Depende de ellos decidir de qué lado están.

Resulta gratificante ver cómo los grandes medios —controlados por el Kremlin— hacen referencia a los textos de MediaZona en sus publicaciones. Incluso aquellos que literalmente trabajan para el Kremlin saben que pueden fiarse de nosotros. Somos muy serios a la hora de corroborar los datos. Cuesta ganarse la confianza del público, y puedes perder toda tu credibilidad por una sola noticia falsa.

Cuando empezamos, tratábamos cuestiones relacionadas con la ley: la política rusa se trasladó del Parlamento a los juzgados y a las prisiones, lugares que acabas visitando tarde o temprano si te posicionas ideológicamente. Publicamos información en línea desde los juzgados y exponemos la absurdidad, la brutalidad y la injusticia que impregnan el régimen ruso actual. Hay momentos en los que lloramos de la risa. Difundimos las historias de los convictos y los exconvictos, y damos voz a quienes quiere silenciar el Estado.

MediaZona ya ha cumplido tres años. Nos hemos expandido, y ahora cubrimos una gama de temas más amplia, con el objeto de crear una enciclopedia de la vida rusa. La gran pregunta que nos hacemos es: «¿Cómo se vive en Rusia?».

No nos interesa la imagen propagandística oficial de un Putin abrazando niños o emocionándose ante el tañido de bucólicas campanas eclesiásticas. Recopilamos información sobre protestas que se producen fuera de las grandes ciudades y que suelen pasar desapercibidas: huelgas de mineros o conductores de camiones, huelgas de hambre en prisiones o mítines organizados por profesores de escuela cabreados. Hablamos con fiscales, jueces, policías, agentes penitenciarios, tanto aquellos que trabajan en el sistema hoy en día como antiguos trabajadores. Nos filtran cómo funciona todo en realidad: los cinco pasos para crear un caso judicial, cómo torturar a un prisionero sin dejar pruebas, las diez maneras de aceptar un soborno, etcétera.

«Bueno, ¿estás lista para salir a quemar unos cuantos coches patrulla?» Eso fue lo primero que me dijo Serguéi Smirnov cuando nos conocimos en una reunión de activistas de izquierdas en 2008. Ahora es el editor jefe de MediaZona, de modo que le cedo la palabra:

Durante algunos años, nos dedicamos a observar lo que sucedía. Pasado un tiempo, fueron llevados a juicio los que bajo mi punto de vista eran los casos más importantes —como el de Alexéi Navalny por censurar a Putin—. Entonces la política, la política real, se trasladó de las plazas a los juzgados, como se vio en un caso tras otro, a medida que introducían un piélago de nuevas restricciones legales. Pronto quedó patente que las actuaciones en los tribunales eran el nuevo método de comunicación entre el poder y la oposición. Llegó un momento en el que todos sabían exactamente lo que estaba pasando. Y cuando todos saben lo que pasa, solo cabe hacerse una pregunta: ¿y ahora qué? Una reacción posible es no hacer nada.

Sin embargo, nosotros decidimos contarlo. Nunca nos hicimos ilusiones sobre el interés que podría suscitar entre el público. Jamás pensamos que de pronto todo el mundo fuera a querer informarse acerca de los crímenes de la policía o la condena de dos docenas de personas a tropecientos años de prisión... Como es lógico, no se trata del tipo de información más demandada, pero no por ello deja de ser importante.

Por extraño que pueda parecer, nuestra misión cambia constantemente. Tenemos multitud de objetivos. Uno de ellos es atraer la atención hacia los juicios, los tribunales y los problemas del sistema judicial. Retransmitimos en línea desde los tribunales para mostrar a la gente cómo funcionan en realidad.

De hecho, tengo otra idea bastante extraña sobre nuestra misión. He escrito un par de artículos sobre el siglo XIX, y esto es lo que creo. Si dentro de diez, quince o veinte años nuestra web pudiera ayudar a un investigador a entender esta época, seríamos muy felices. Podrían leer nuestros archivos para entender lo que ocurría en realidad, y hacerse una idea del espíritu de los tiempos.

Por supuesto, solo podemos ofrecer una pequeña parte del panorama completo, pero capturar el momento actual, lo que está ocurriendo ahora, puede tener una importancia capital de cara al futuro. Estoy convencido de que ahora mismo no podemos ni distinguir entre lo que es importante de lo que no, e ignoramos lo que será importante para quien estudie la historia rusa dentro de diez o quince años. En este contexto, me gustaría que hubiera investigadores que analizaran nuestros contenidos. Es una idea extraña, pero que puede ayudar a entender la sociedad de hoy.

Para empezar, creo que uno de los problemas más graves son las leyes y el sistema legislativo. Recordemos, por ejemplo, el artículo número 228 del Código Penal ruso sobre estupefacientes. Se trata de una ley clásica que se utiliza únicamente para: a) abrir causas judiciales, b) aumentar el porcentaje de casos llevados a juicio y c) fijar una serie de condenas durante un periodo concreto. Nadie cree en serio que el código penal exista para castigar el crimen. La ley que rige la cuestión de las drogas es un problema en sí mismo, dado que un treinta o un cuarenta por ciento de los presos acaban en la cárcel por ese motivo.

La mitad de las veces se encarcela a la gente porque hay que abrir casos y llevarlos a los tribunales, de modo que los fiscales se inventan cargos por drogas en beneficio de sus propias estadísticas, lo cual es un gran problema. Además, no se ejerce control alguno sobre estos organismos. Básicamente pueden escribir lo que quieran en los sumarios.

El gran problema es que la gente ya no sabe trabajar, algo que puede comprobarse en el nivel general de los tribunales. Los fiscales ya no investigan bien. No se les enseña, y no se enfrentan a rivales de verdad. Es un fracaso absoluto de sistema. Incluso cuando entra sangre nueva, enseguida se dan cuenta de que no importa nada lo que aseguren en los sumarios. Durante el último año he presenciado muchos sinsentidos en los procedimientos legales. A la hora de la verdad, cuando tienen que investigar una causa criminal real, no saben cómo hacerlo porque se han acostumbrado a moverse en un sistema en el que todo está escrito.

También me he reunido con muchos jueces, y muchos de ellos están desesperados. Saben que no pueden declarar inocente a nadie y que no pueden decidir por su cuenta. Sinceramente, creo que son muy felices cuando se les otorga algún tipo de libertad.

Si no usáramos nunca nuestra imaginación, jamás habríamos inventado la bombilla.

Dejad que vuestra imaginación cree alternativas. Imaginad a los agentes de policía como trabajadores sociales más que como asesinos y ladrones armados. Imaginad una sanidad gratuita. Imaginad obras de arte realizadas por amor al arte, no para ser vendidas. Imaginad que, en lugar de volvernos sumisos, la educación fomentara la creatividad y la intuición.

Héroes

ALEKSANDRA KOLONTÁI

Aleksandra Kolontái fue una pionera del feminismo y la primera embajadora y ministra del gobierno ruso.

Kolontái nació en San Petersburgo en 1872. Su madre tuvo tres hijos de su primer marido antes de divorciarse, lo cual no fue nada fácil, tras lo que se casó con el futuro padre de Aleksandra. La misma Aleksandra rechazó el matrimonio concertado que le habían preparado para casarse con un primo lejano, un hombre poco adecuado y sin dinero.

Después de la Revolución Rusa, Kolontái escribió sobre las relaciones de género y la igualdad de las mujeres dentro de una sociedad comunista como la que ella pensaba que estaba surgiendo. Según declaró en su obra de 1921, *Las relaciones sexuales y la lucha de clases*, las mujeres no eran propiedad de los hombres, el divorcio debía ser más fácil de obtener para ellas, y el matrimonio debía basarse en la libertad, la igualdad y la amistad. Kolontái asustaba incluso a sus compañeros bolcheviques.

Lo que más le interesaba era la cuestión de la igualdad. Sus textos tienen una cualidad muy moderna y no parece que hubieran sido escritos hace un siglo. Por ejemplo, en *Las relaciones sexuales* hablaba sobre la hipocresía social. Si un hombre se agenciaba a una parienta de clase baja, nadie decía nada, pero si una mujer de posición miraba a su lacayo, era desdeñada (aun si este estaba de buen ver, añadía).

Con el capitalismo, decía Kolontái, la mujer estaba obligada a trabajar y a criar a los niños, lo que resultaba imposible. A su parecer, las mujeres debían ser iguales a los hombres en el trabajo y definirse por ello, no por las ataduras domésticas que no tenían más remedio que aceptar. En *El comunismo y la familia*, publicado en 1920, afirmaba que la igualdad laboral dejaría a las mujeres sin tiempo para cocinar, limpiar y doblar la ropa, labores improductivas para la nueva sociedad. De hecho, ya no habría necesidad de familias: los trabajadores comerían en comedores comunes, tendrían su colada hecha y el estado criaría a los niños. Aquel fue un atisbo fantástico y utópico del feminismo radical, escrito a principios del siglo XX. Consiguió ser una feminista de la segunda ola décadas antes de la verdadera segunda ola, una clase de visión que solo podrían tener los pensadores especialmente sensibles e intuitivos y los artistas que sienten el espíritu de los tiempos venideros antes de que se presenten.

> Más tarde, en los años sesenta y setenta, llegaron las herederas de Kolontái, como la visionaria activista Shulamith Firestone (1945-2012). Las ideas de Firestone eran un cóctel radical de feminismo y críticas al marxismo y al psicoanálisis. En *La dialéctica del sexo: en defensa de la revolución feminista*, de 1970, un éxito de ventas que escribió a los veinticinco años, Firestone abogaba por la completa eliminación del género como única forma de conseguir la igualdad. Aseveraba que para eliminar las «clases sexuales», los niños nacerían a través de «reproducción artificial», y que ya no dependerían de una única madre. «Las diferencias genitales entre los seres humanos dejarán de tener importancia cultural», y el trabajo no se dividiría por sexos porque el trabajo en sí también sería eliminado («por la cibernética»). Defensora del celibato, Firestone consideraba que, en una sociedad igualitaria, el sexo y la reproducción ya no serían tan relevantes.
>
> Tras la muerte de Firestone, Emily Chertoff explicaba en un artículo para *The Atlantic*: «Firestone quería eliminar lo siguiente: los roles sexuales, las relaciones sexuales con fines reproductivos, el género, la infancia, la monogamia, la maternidad, la unidad familiar, el capitalismo, el gobierno y, sobre todo, los fenómenos fisiológicos del embarazo y el parto».

En su *Autobiografía de una mujer sexualmente emancipada* (1926), Kolontái relató sus primeras decepciones por la actitud del Partido Bolchevique ante sus esfuerzos por ganarse el favor de las obreras. Estas batallas comenzaron mucho antes de la revolución de 1917, remontándose a 1906. Kolontái intentó crear una oficina de la mujer, pero la coartaron. Sobre ese episodio escribió: «Me di cuenta, por primera vez, de lo poco que se preocupaba nuestro partido por el destino de las trabajadoras y lo escaso que era su interés en la liberación de las mujeres... Mis compañeros de partido me acusaron a mí y a esas camaradas que compartían mis ideas de ser "feministas" y de poner demasiado énfasis en asuntos que solo concernían a las mujeres».

Kolontái no dejó de insistir en la cuestión del feminismo y ganó influencia al fundar el Congreso Panruso de Mujeres Trabajadoras en diciembre de 1908. En represalia por dicho acto, fue obligada a exiliarse de Rusia a Alemania, donde se unió al Partido Socialdemócrata. Allí se juntó con líderes socialdemócratas europeos como Rosa Luxemburgo, Karl Liebknecht y Karl Kautsky. Deambuló por Europa por el bien de la causa, asistiendo a actuaciones como la huelga de amas de casa de París.

Más adelante conoció a Lenin y se hizo bolchevique, tras lo que se convirtió en comisaria del pueblo en bienestar social en 1917, siendo la primera mujer rusa en obtener una posición en el gobierno. Sin embargo, los derechos femeninos no eran tan importantes para los leninistas como lo eran para ella. En todo caso, Kolontái es digna de elogio por tener el valor de presionar a los bolcheviques con el asunto, ya que a Lenin, Trotski, Stalin y otros no les gustaba mucho que los presionaran. Por desgracia, cuando las tendencias conservadoras empezaron a ganar terreno en el partido, fue obligada a marcharse de Rusia por segunda vez. En 1923 la nombraron embajadora soviética en Noruega, y también fue la primera mujer en alcanzar ese cargo. Vivió una vida larga y ajetreada y murió en 1952.

«Ya se están esbozando nuevos conceptos en las relaciones entre los sexos, que nos enseñarán a trabar relaciones basadas en ideas novísimas de libertad total, igualdad y amistad genuina», escribió hace cien años.

La capacidad de pensar más allá de los confines de tu propia época es el mayor valor que puede aportar un creador.

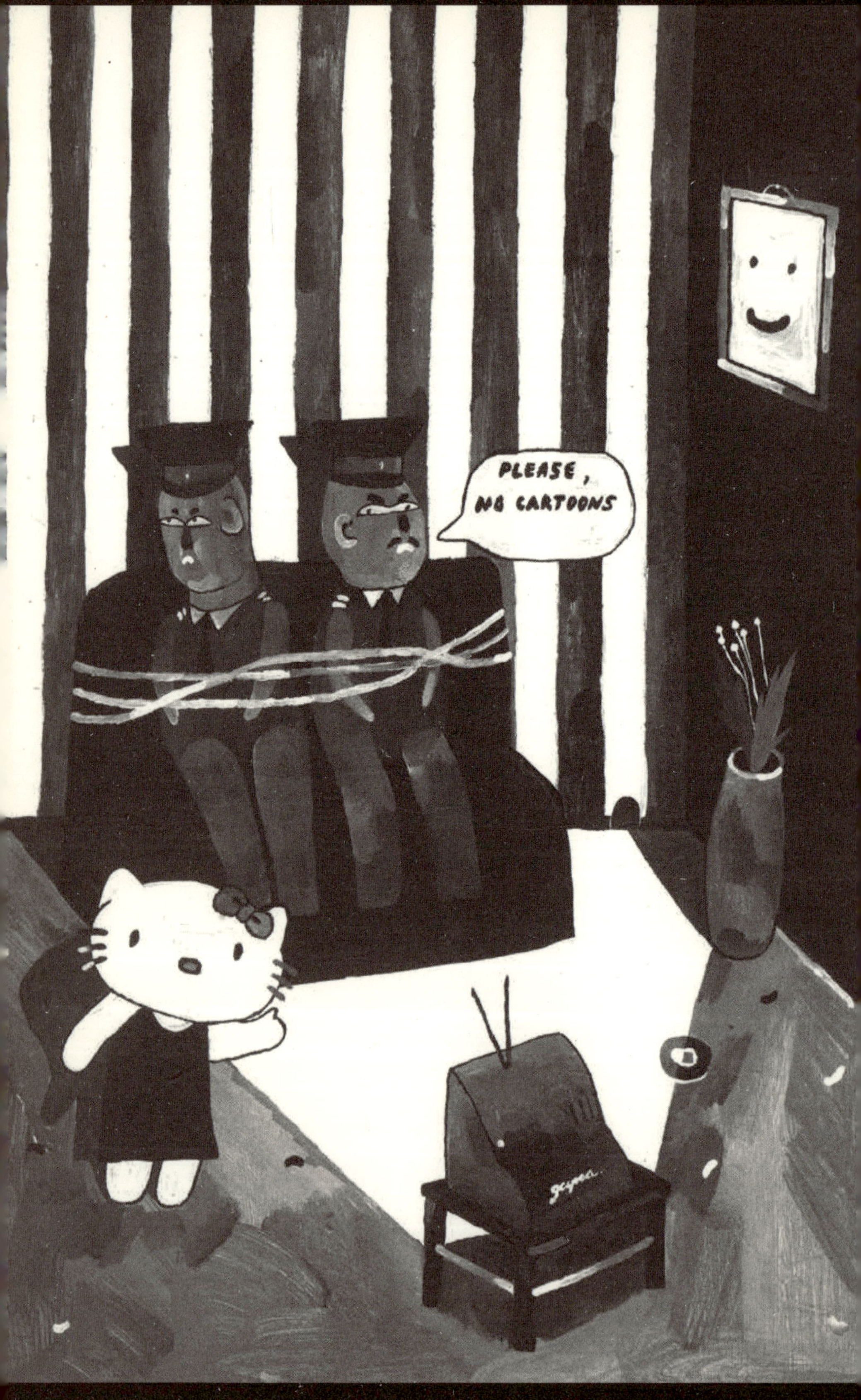
PLEASE, NO CARTOONS

REGLA N.º 10

Seamos personas

(El feminismo es una herramienta liberadora que puede ser usada por hombres, mujeres, transgéneros, transexuales, homosexuales, lesbianas, bisexuales, agéneros y por cualquiera. El feminismo me permite comportarme como me gusta y como me siento, desmonto los roles de género y juego con ellos, los mezclo a voluntad. Los roles de género son mi paleta de colores, no mis cadenas.)

No hay varón ni mujer, porque todos sois uno en Cristo Jesús.
    APÓSTOL SAN PABLO, Gálatas, 3, 28

Ninguna mujer tiene un orgasmo abrillantando el suelo de la cocina.
    BETTY FRIEDAN, *La mística de la feminidad*

Los oprimidos siempre pensarán lo peor de sí mismos.
    FRANTZ FANON

Palabras

BRUJA, ZORRA Y A MUCHA HONRA

«*E*stá claro que el feminismo ruso no es natural en Rusia y no tiene fundamento —asegura el arcipreste Dimitri Smirnov, un conocido portavoz de la Iglesia ortodoxa rusa—. El objetivo del feminismo es destruir los principios cristianos. El feminismo intenta poner a la mujer al mismo nivel que el hombre, privándola de sus ventajas como mujer. El feminismo causa estragos en la familia. Que hombres, mujeres y niños tengan distintos derechos destruye la familia. Si somos bautizados, debemos considerar el feminismo como un veneno que vuelve a la gente infeliz cuando penetra en la mente de la sociedad y en las familias.»

Siempre he disfrutado mucho viendo los vídeos del arcipreste Smirnov en YouTube. Fue una de las inspiraciones para la creación de las Pussy Riot. Nos quedamos con el culo torcido al escuchar sus sermones, y fue entonces cuando nos vino la idea de fundar una banda de punk feminista. El arcipreste Smirnov habla sobre las ventajas de las mujeres que destruye el feminismo. Es un truco muy manido; la misma historia de siempre. Los machistas son famosos por afirmar que en realidad están ayudando a la mujer al ponerla en un pedestal superespecial. Pero claro, desde ese pedestal no obtendrás ningún trabajo creativo, ninguna carrera ni ninguna autorrealización. Ese pedestal te obliga a ser una sirvienta o una preciosidad, entre otras cosas. **Además, siempre es más fácil mirar por debajo de la falda de alguien cuando está sobre un pedestal.**

«La escuela —dijo el arcipreste con voz profunda— debe ser un apoyo para preparar al niño de cara a la vida familiar adulta. Lamentablemente, hace veinticinco años, nuestras escuelas, bajo el influjo de los vientos que soplaban desde occidente, rechazaron la educación y se limitaron a bombear conocimiento a los niños. Otro problema: el 99,9 por ciento de nuestros profesores son mujeres. En cuestión de capacidades psicológicas, los profesores deberían ser hombres.»

«El feminismo anima a las mujeres a dejar a sus maridos, matar a sus niños, practicar la brujería, destruir el capitalismo y volverse lesbianas», afirmó Pat Robertson, cristiano conservador, telepredicador y otro magnate de los medios estadounidense al que, al parecer, se le ha ido la olla.

«El feminismo se estableció para permitir que las mujeres poco atractivas tuvieran un acceso más fácil a la cultura dominante», indica Rush Limbaugh, conocido por popularizar el término «feminazi» y desestimar el consentimiento en las relaciones sexuales.

Donald Trump se jacta con indiferencia de acosar sexualmente a las mujeres y menosprecia la mala prensa resultante: «Con tal de que tengas un culo joven y bonito a tu disposición, da igual lo que digan».

«Un hombre de verdad debe intentarlo siempre; una mujer de verdad debe resistirse siempre», opina el líder ruso Vladímir Putin.

En Rusia, las mujeres conforman únicamente el diez por ciento del gobierno. En ese sentido solo estamos por delante de los países más pobres de África y del mundo árabe, donde hay restricciones legales y religiosas para la participación de las mujeres en la vida pública y la política. Y aun así, las encuestas muestran que una cuarta parte de los ciudadanos rusos creen que las mujeres no tienen cabida en política o que se debería reducir su número. En vez de proteger a las mujeres de la violencia doméstica, mi gobierno acaba de aprobar una ley que la legaliza.

Los machistas viven entre nosotros, no solo en los parlamentos o en la televisión. Por ejemplo, en nuestro juicio se utilizó la declaración del padre de Kat, una de las Pussy Riot encarceladas: «El testigo sabe que Tolokonnikova arrastró a su hija hacia el llamado movimiento feminista. Durante la deposición, ha condenado de forma enérgica y repetida la idea misma del feminismo, dado que cree que el movimiento no se ajusta a la civilización rusa, la cual difiere de la civilización occidental». Esta declaración cavernaria se citó en el veredicto y ante el tribunal para probar que mi «rehabilitación» no era posible sin aislarme de la sociedad.

«Feminismo y feminista son insultos, palabras indecentes», dijo el guarda de la catedral de Cristo Salvador de Moscú, una de las «partes afectadas» nombradas durante el proceso. Si eso es así, que me insulten todo lo que quieran. Que maldigan y me condenen.

«¡El feminismo ya lo ha conseguido todo! ¿Qué más queréis?» ¿Con qué frecuencia oyes esta pregunta? Yo siento que cada día empieza con ella. Teniendo en cuenta todo lo anterior, no creo que el feminismo pueda cantar victoria y retirarse pacíficamente.

Nos consideramos parte de la tercera ola del feminismo. La tercera ola desmonta el concepto mismo de la igualdad de género. Si el género es un espectro, entonces la discriminación basada en el género se vuelve absurda. Rechazamos el modelo binario de hombre/mujer en sí mismo. Definimos el género de otra manera: hay innumerables géneros que no siguen la línea recta entre los polos femenino y masculino.

No tengo una identidad sexual estable, me identifico a mí misma como *queer*. No veo el motivo para decir «nunca haré esto o aquello» sobre nada.

Es inútil esperar que las generaciones previas hayan resuelto este problema y que los roles se ajusten a ti con precisión. **No creas que tu trabajo consiste simplemente** en nacer con ciertos atributos y que luego esté todo claro: los niños van la derecha, con uniformes militares y blandiendo pistolas, mientras que las niñas van a la izquierda, con lacitos y blandiendo pinzas de depilar.

Los roles sexuales son específicos del contexto, del lugar y de la época. Toda esa cháchara de locos sobre que los roles de hombre y mujer son eternos e históricamente neutrales siempre será un balbuceo irresponsable. Hay distintas nociones de género y distintos tipos de roles prescritos para dichos géneros en cada década de la historia humana, en todas las clases sociales, en todos los puestos de trabajo, para todas las edades y razas. **Puedes divagar lo que quieras sobre esa milonga de la mística femenina, pero sé de buena tinta que las mujeres de clase baja que vivían como esclavas en la Rusia del siglo XIX eran duras de pelar y fuertes como ellas solas, y que esas señoras le darían una paliza a cualquier neoyorquina moderna a la hora de echar un pulso.** Había y hay sociedades «tradicionales» donde la norma era tener, digamos, tres géneros y cuatro tipos de sexualidad. Hace tan solo dos siglos, los hombres cisgénero de la aristocracia europea llevaban peluca y mucho maquillaje.

Todo el rollo de la fragilidad de la mujer y «el sexo débil» no es más que un fetiche que tuvo su momento en nuestra historia, pero nació en una época y cultura concreta, y hay un momento en el que muere. Desaparece como un rostro dibujado en la arena.

¿De qué va el feminismo para mí? **El feminismo trata de deshacerse del exceso de expectativas que se proyectan sobre las personas según el género y el rol sexual que se espera que desempeñen.** El feminismo pretende entender la genealogía y la historia de cada rol de género que se te asigna. El feminismo está conectado con la libertad de elección y sobre tener opciones informadas.

No tengo el más mínimo interés en ser el sexo débil. Mi vida es finita. Tengo un número de años muy limitado y quiero aprender, probar, conseguir, cambiar, sentir, atreverme, perder y ganar un montón. No tengo tiempo para juegos de la vieja escuela. Hay gente que no está dispuesta a que le digas las cosas a la cara. ¿Y si solo vives una vez, por última vez? No puedo actuar como si me quedaran otros cien años.

Llevo siendo activista y feminista desde los siete u ocho años. La primera vez que descubrí lo que era el feminismo fue a los ocho años. Decidí de inmediato que yo era feminista, simplemente porque tenía sentido. Vas a la escuela y te das cuenta de que todos los autores y científicos que estudias son hombres, y entonces te preguntas por qué: «¿Qué pasó en la historia para que fuera así?». De modo que me declaré feminista, y un día un compañero que llevaba conmigo desde preescolar se acercó a mi lado; lo lamentaba mucho por mí, estaba realmente triste. Me dijo: «No pasa nada, no te preocupes, a los ocho años todo el mundo puede considerarse feminista, pero no importa. Ya cambiarás de opinión y empezarás a amar a los hombres. Puede que cuando rondes los catorce».

Me hablaba como si yo tuviera algún tipo de enfermedad, pero estaba intentando animarme y decirme que lo superaría. Yo fui una empollona desde bien pequeña. Una vez, mi profesora de física me puso en evidencia delante de toda la clase, diciendo: «¡Nadya es una niña muy buena! Siempre saca las notas más altas». Prosiguió augurando que me convertiría en una mujer de provecho y que me casaría con un presidente. Yo tenía diez años, una edad en la que aún no eres muy consciente de las cosas, pero recuerdo que entendía lo suficiente para estar furiosa. ¿Y por qué no podía ser yo la presidenta?, me pregunté. **¿De verdad que el mayor logro de una chica radica en convertirse en la esposa de alguien?**

Me volví feminista porque los hombres rusos se

negaban a darme la mano. Los hombres rusos no estrechan la mano de las mujeres. Eso me molestó. A un chico de mi colectivo artístico le gustaba proclamar que las mujeres no eran capaces de crear auténticas obras de arte. «La única que llegó a hacer arte de verdad fue Leni Riefenstahl», solía añadir. Eso me molestaba aún más.

Conocí a Simone de Beauvoir cuando tenía dieciocho años. «No se nace mujer, se llega a serlo», decía. Sus palabras me dieron esperanza. También tuve la suerte de descubrir la teoría *queer* y la del género como interpretación, con la ayuda de Judith Butler. **A los dieciocho me percaté de que la cuestión principal de mi vida era determinar con qué efectividad podía redefinir la norma.** ¿Qué te hace pirata, nómada o rebelde?

La misoginia apesta en las ciudades grandes, pero aún pesa más cuando te hallas en una sociedad reducida y prácticamente cerrada, como un pueblo, una pequeña comunidad industrial o una cárcel. Por ejemplo, durante mi condena aprendí que en la cárcel estás obligada a competir en concursos de belleza. Si no participas, no te conceden la libertad condicional.

También decidieron que mi amiga que prefería el estilo andrógino no estaba lista para recibir la libertad condicional porque seguía dando conciertos con zapatos planos. Tal y como lo veían ellos, subir al escenario con zapatos planos era demasiado masculino. Las mujeres debían ponerse tacones altos. Al final, a mi amiga le concedieron la condicional, pero solo tras actuar con tacones altos y demostrar así su lealtad al régimen femenino.

«Podrías seguir encerrada durante los próximos siete años —me dijo uno de los guardas en una ocasión. Y se burlaban de mí—. De momento aún eres joven y bonita, pero a los veintinueve, cuando seas vieja, nadie querrá follarte.»

Y

En esencia, la palabra «zorra» está relacionada con el poder. Se pronuncia con reverencia, pero también con ira, y se les dice a las mujeres que han mirado al mundo y han decidido obtener lo que quieren de él, lo que demasiado a menudo se percibe como algo malo. A las mujeres se les enseña a anteponer el bienestar de los demás al suyo propio, y es por ello que estamos recuperando la palabra para nuestro uso.

Me considero una zorra y una mala pécora, y a mucha honra. A lo largo de la historia, las mujeres que fueron acusadas de ser malvadas eran fuertes y poderosas. Solo hay que fijarse en la brujería y en la caza de brujas.

Un montón de gente que he conocido, sobre todo hombres heterosexuales, afirman que no apoyan el feminismo, pero apenas si se han planteado en qué consiste. Su rechazo se basa en el miedo o en la fantasía. Bien, pues aquí les dejo una definición de la activista bell hooks que me encanta: «El feminismo es un movimiento para acabar con el sexismo, la explotación sexista y la opresión».

El feminismo también es bueno para los hombres. El feminismo es bueno para la gente transgénero. El feminismo es bueno.

Voy a explicarlo para que se entienda. Si eres un «hombre de verdad» y eres demasiado duro para llorar, lamentarte o amar, el que sale perdiendo eres tú. El feminismo te ayudaría a estar en paz con tus sentimientos. No hay nada malo en sentir, y eso es precisamente lo que te da la vida.

Imagina que fueras un hombre que vive en Rusia y que tiene que alistarse en el ejército al cumplir los dieciocho años. Te dicen que los «hombres de verdad» tienen que aprender a disparar y a luchar. Es obligatorio para ellos, pero no para las mujeres. Cuando eras un crío, las niñas eran tus iguales en el patio de juegos. Las instituciones como el ejército aumentan la brecha de género en tu mente y cuando vuelves a casa tras un año de servicio, te han lavado el cerebro a base de bien y dejas de ver a las mujeres como tus camaradas, colegas, compañeras o colaboradoras. Un «hombre de verdad» trata a las mujeres como si fueran de otra especie, seres a los que hay que: a) adorar y proteger o b) oprimir y golpear. Si fueras ese hombre de dieciocho años que no tiene más remedio que entrar en el ejército, ¿no preferirías unir fuerzas con las mujeres y exigir juntos que ese servicio sea de carácter voluntario, en lugar de resignarte a ser un esclavo del estado?

Pero no son solo los «hombres de verdad» a los que hay que aclararles las cosas. Muchas mujeres (sobre todo heterosexuales) aún creen que el feminismo no es necesario. Durante miles de años, nuestra supervivencia se basó en nuestra relación subordinada y masoquista con la cultura dominante, por lo que se puede entender que les cueste romper esos lazos. Por eso hay mujeres que se sienten incómodas y votan a capullos misóginos como Putin y como Trump. Por eso las hay que añoran el tacto de una mano fuerte. A veces puede costar mucho deshacerse de las cadenas, pero merece la pena hacerlo. **Es buena idea morder la mano que te da de comer. Una vez eres una igual de verdad, ya no necesitas esa mano. No hay dominación. Coméis juntos. Simplemente compartís la comida**.

Conozco a unas cuantas mujeres (sobre todo heterosexuales) que aún creen que nuestra misión principal es competir entre nosotras por un compañero. Que deberíamos luchar por un pene y no por nuestros derechos. ¡Qué reconfortante le debe de resultar esa idea a la cultura dominante! Mientras sigamos pensando que nuestra supervivencia depende del visto bueno del hombre, será muy fácil utilizarnos. Es la historia de siempre: obligas a un grupo a perder su conciencia colectiva y su sentido de la solidaridad y luego juegas con ellos, los usas y manipulas. La creencia de que nuestra energía vital se basa en la aprobación masculina está firmemente arraigada en la historia. Hubo momentos en los que todas las mujeres dependían económicamente de los hombres. Las que no se plegaban, eran consideradas parias y brujas y debían arder en la hoguera. Por suerte, los tiempos han cambiado un poco.

El patriarca de la Iglesia ortodoxa rusa quiere prohibir el aborto. Stalin lo hizo en 1936 para aumentar el índice de natalidad, una medida que se mantuvo hasta 1955. La experiencia de la URSS nos mostró que así no solo aumentaba el índice de natalidad, sino otros dos más: la tasa de mortalidad femenina a causa de los abortos ilegales y el número de infanticidios. Anna Kuznetsova, más conocida por apoyar a Putin y la teoría de la telegonía (la creencia de que los descendientes podían heredar características de cada compañero sexual que haya tenido la mujer), se convirtió en la comisaria de los derechos de la infancia en 2016. La sexualidad es una poderosa fuente de vigor e inspiración. ¿Por qué eliminarla cuando puedes enseñar a la gente a usarla?

La sexualidad femenina está a punto de ser descubierta y liberada. Mis investigaciones me han revelado que sigue habiendo un montón de hombres que no tienen ni puñetera idea de qué hacer con un clítoris. Pues mirad, amigos, una cosa os digo: si quieres follar conmigo y no conoces el poder del clítoris, más vale que te des media vuelta. Si veo que alguien es demasiado falocentrista en la cama, me levanto, me visto y me voy. A veces le suelto un discurso sobre la impostura del faloteologocentrismo mientras me pongo la ropa.

Las mujeres que exploran su sexualidad son estigmatizadas. Puta, zorra, buscona. Ya sabes de lo que hablo. Durante mucho creí que el mundo de las ideas debía tener prioridad sobre lo terrenal y que todo lo carnal era pecaminoso. Tuve que hacer un gran esfuerzo para recuperar la conexión entre el cuerpo y la conciencia. Aún lo hago. La calidad de vida mejora considerablemente después de conseguirlo.

Hace poco, un grupo de raperas francesas subió una canción sobre el *cunnilingus* a YouTube que fue censurada en su país. Venga ya, ¿así que los raperos de todo el mundo nos dicen que les chupemos la polla, pero ese vídeo es porno? ¿Por qué el clítoris se considera pornográfico y el pene no?

EL MONSTRUO DE LA PERFECCIÓN OBLIGATORIA

Durante mi adolescencia me di cuenta de que mi estilo distaba mucho de ser femenino. Intenté ponerme tacones durante seis meses, pero al final se doblaron por la mitad como un resorte y se rompieron. Era incapaz de quedarme quieta y cultivar unos modales delicados, tal y como se suponía que debía hacer una jovencita. Cantaba en voz alta por los pasillos del instituto y me movía como un ganso. No entendía por qué tenía que emular el comportamiento esperado. No le veía ninguna ventaja. Y si no había ventajas, ¿para qué molestarse? Porque estaba claro que contonearse coquetamente sobre unos tacones mientras te aferrabas a un bolsito de mano era una soberana tontería. Cada vez que veo a una mujer con tacones de aguja, siento penita por ella y me dan ganas de preguntarle si quiere que la lleve a hombros. No obstante, admiro a los hombres que usan tacones altos. A pesar de que la tradición no les obliga a hacerlo, los llevan. Son mis héroes. Me gusta imaginar que lo hacen para honrar a todas las mujeres oprimidas de la historia.

Y

Hay poder en la imperfección. No intentes ser perfecta todo el tiempo, porque es aburrido.
El monstruo de la perfección obligatoria es algo muy real. El arte no es lo único que se retoca en exceso; los seres humanos también. Son acicalados y amansados. Si quieres saber mi opinión, la gente sobreproducida no me conmueve.

Cuando salimos de la cárcel, comprendimos muy pronto que el poder de la normalización no era ninguna broma. Cuanto más activa te vuelvas y más alces la voz, mayor será la respuesta de esa fuerza normalizadora. No te pongas medias blancas con falda negra (o viceversa). Tíñete el pelo. Necesitas perder unos kilos. Trabaja esa voz, es demasiado nasal. No digas «joder» cuando subas al escenario con Bill Clinton. Sé más sociable. ¿Por qué los rusos no sonreís nunca? No puedes ponerte deportivas, ponte tacones. Menudo susto me llevé. Me compré pintalabios, tacones y una plancha para el pelo, pero seguía pensando que no era lo bastante perfecta. Sinceramente, me sentí como una mierda. Intenté no decir «joder» delante de Clinton, pero seguro que lo hice a los cinco minutos de discurso.

Sin embargo, no soy de las que se achantan tan fácilmente. El momento de la verdad se produjo cuando me estaban aplicando la quinta capa de maquillaje en el estudio de la CNN y pensé que no necesitaba parecer un cadáver o un maniquí para hablar de política y les pedí que me lavaran la cara.

Lo cierto es que me gusta el maquillaje. A veces. Me encantaría ver a más hombres llevarlo.

No me importa que me digan que soy guapa, o incluso serlo, pero no quiero pasarme todo el día agobiada para estarlo. No es mi estilo.

Estoy escribiendo este libro en un idioma que no es

el mío, toda una cura de humildad. Hay veces en las que me siento como un perro: sé algo, pero no encuentro las palabras humanas para describirlo. Un desastre manifiesto, pero de los que merecen la pena. Podría contratar a un traductor o a una persona amable que lo escribiera por mí, y probablemente saldría un libro mejor, pero me mantengo fiel al principio del hazlo tú mism@. Si sé que puedo hacer algo por mí misma (en teoría), lo hago. Sí, es cierto que me complico la vida, pero es la única manera de escapar de la enajenación.

La perfección radica en intentarlo, en seguir adelante, en arriesgarse y, efectivamente, en fracasar. **Nunca habría aprendido tanto de mi gobierno, de mi país y de la asombrosa gente que lo habita, ni mi voz habría llegado tan lejos sin el que podría parecer el mayor fracaso de mi vida: mi estancia en prisión.**

Cuando me soltaron, estaba hecha un lío. Tuve que volver a aprender un montón de cosas básicas, como cruzar la calle, usar el dinero, comprar champú y no distraerme ante los millones de botes de la estantería.

Conocí a mucha gente e hice nuevos amigos. Había tipos que me ofrecían mil dólares a cambio de una sesión de fotos eróticas con las Pussy Riot. Los que intentaban aprovecharse de nosotras daban por hecho que una persona que acaba de salir de la cárcel tenía que estar pasando por apuros económicos.

La policía política me seguía a todas partes, mis conversaciones telefónicas privadas fueron filtradas a YouTube y cada cierto tiempo, así como quien no quiere la cosa, recibía una paliza por parte de los cosacos y los justicieros del Estado.

También tuve que aprender a no perder la claridad de pensamiento que había encontrado en prisión. Allí descubrí una extraña belleza, sencilla y antaño desconocida, consistente en vivir entre los parias y ser yo misma una paria. Aprendí a apreciar la claridad y la honestidad de habitar entre lo más bajo de la sociedad, pero aun así tener el coraje para sonreír. Me había dado cuenta de que existía vida en los círculos más tenebrosos del infierno, círculos que por lo general se ocultaban decorosamente al ciudadano medio.

Nada hay más sobrecogedor que contemplar a una criatura hermosa y vibrante brotar orgullosa del suelo podrido de la prisión. Se trataba de una manifestación pura de la imparable fuerza vital. Mujeres que se negaron a ser dobladas, que eligieron la alegría, el amor y la risa. Adoraba la gracia con la que sobrellevaban sus luchas diarias con la miseria, la desesperación y la muerte en vida de la prisión.

El bien más preciado que se puede tener en la cárcel es la autoestima. Es casi lo único que te puedes permitir. No puedes poseer ropa, comida ni dinero. No puedes guardar cuchillos, escudos o pistolas para protegerte. La seguridad y la felicidad solo pueden obtenerse a través del respeto a una misma. Es peligroso perderlo, y si lo haces alguna vez, es posible que no lo recuperes nunca. Debes proteger tu dignidad sin descanso. Mantener la coherencia, la actitud y la personalidad nos hace mucho bien. No puedes dejarte llevar por el pánico y las dudas. Tus hechos deben ajustarse a tus palabras; de lo contrario, sabrán que vas de farol, que eres débil y que se te puede atacar y timar.

Cuando salimos de prisión, tuvimos que pasar por un proceso de normalización y sanitización. Se esperaba que dijéramos una cosa y no la otra. A veces sentía que mi recién descubierta libertad se disolvía en el aire.

En nuestro día a día, a menudo esperamos que nos llegue algo externo, como una píldora mágica o un nuevo par de zapatos, que nos haga sentir más felices o seguros. Normalmente es una ilusión. Para mí, la clave de la felicidad está en la dignidad y el respeto propio que encuentro en mi trabajo, ya sea como reclusa cosiendo mi cupo de uniformes, o como artista libre. Tras nuestra liberación, me resultaba imposible explicar mis ideas sobre la simplicidad y la claridad de la vida a la mayoría de la gente que me rodeaba.

Si quieres ser sincero contigo mismo, no renuncies nunca a tus valores.

Cuando las Pussy Riot dieron su discurso en Harvard, la policía detuvo a uno de los asistentes por dar su opinión. Este defendía la postura de que la universidad no debía acoger a figuras públicas que apoyaban abiertamente a Vladímir Putin, algo que ya habían hecho con anterioridad. Podríamos habernos quedado calladas, pero cancelamos todas nuestras citas y en vez de asistir a una cena elegante, nos plantamos en la comisaría de policía y no nos movimos de ahí hasta que lo liberaron. ¡Qué caras pusieron! Pero de verdad, ¿cómo podían pretender que hiciéramos otra cosa? La disonancia parecía escapárseles, y su decepción se aunó con el hecho de que nunca habrían tenido el más mínimo interés por cenar con nosotras en primer lugar.

Hechos

LA REVOLUCIÓN ES MI AMIGA

> La prisión es dulce para mí, no una lata.
> No envío cartas a mi marido en el exterior.
> Jamás descubrirá que amo a Maruska Belova.
>   DINA VIERNY, *Canción de bodas lesbiana*

Para ser justos, el tiempo que pasas enamorado en prisión no debería contar como parte de tu sentencia, porque en esos momentos la prisión deja de ser un castigo. Todo el mundo lo sabe, así que muchos buscan a alguien de quien enamorarse.

La inspiración no llega sin más, pero puedes meter tus cosas en un hatillo y marchar con la esperanza de descubrir cosas, correr aventuras y encontrar tesoros. Si la inspiración te visita, entrégate a ella. Vive de tal forma que tu vida pudiera ser el guion de una película.

Natasha me habla emocionada sobre Nina, la bollera número uno de nuestro campamento:

—Nina se me ha acercado hace un rato y me ha dicho que si quería rollo.

Yo coso sentada enfrente de Natasha, que es parlanchina, esbelta y nerviosa. Es la costurera más rápida del taller. A todas les gusta ir al baño con ella, porque está delgada pero tiene los pechos grandes, como en un cuadro. Todos la miran con asombro.

—¿Rollo?

—Rollo, sí, rollo. ¿Qué pasa, no sabes lo que significa? Me estaba invitando a ir a la caseta de herramientas para echar un polvo.

—Ah, qué guay esa Nina. Y qué, ¿la rechazaste?

—Sí.

—¿Qué coño? —dije.

Nina saca dos cigarrillos del paquete, se los lleva ambos a los labios y los enciende. Me ofrece uno, dejando el segundo para sí misma. Lleva un chal gris. El tamaño de su nariz la hace parecer un aguilucho cuando lo lleva. El chal es un regalo de una de sus novias.

Nina lleva ocho años en prisión. Era joven cuando llegó. En el campamento se convirtió en chico. El talento, la disposición y la educación callejera la volvieron un marimacho, alguien que trepa por las ventanas. Tiene el pelo negro, voz cascada de fumadora y largas pestañas. Posee buenas piernas, gracia, altura y figura. Y carece totalmente de actitud femenina. En su lugar, exhibe un deseo masculino y agresivo y la capacidad de conseguir lo que quiere.

Nina tiene unos andares deliberadamente fuertes y ondeantes. Camina con la cabeza alta y las piernas separadas. Lleva su pañuelo a lo paria, atando los extremos no al frente, como la pequeña Alyonka en el famoso envoltorio de chocolate ruso, sino en la nuca, como Jack Sparrow o algo así.

Nina se empapa con colonia barata de hombre. El perfume y la colonia están prohibidos en prisión porque contienen alcohol, pero puedes hacerte con ellos por una pasta acudiendo a canales de confianza. Es más difícil que comprar drogas en el exterior.

Son las nueve de la noche. La oscuridad ha caído sobre los pueblos de Mordovia. Las vacas han dejado de mugir y los carruajes a caballo han dejado de circular llenos de chucrut.

Frente a nosotras están las ventanas encendidas del taller mecánico. Allí es adonde suelen mandar a las presas que sufren una fuerte carencia de intimidad física. «Es hora de que vayas al taller», dicen. Cuatro tíos trabajan en él, los cuatro alcohólicos. Para algunas mujeres, ese viaje ha acabado con ellas dando a luz en el hospital del penal de Mordovia en Barashevo.

Fuera de los talleres de costura, no hay ni un alma a la vista. Es una hora a la que no se debería salir. Nosotras lo hemos hecho. Estamos dando un paseo y fumando.

—¿Por qué me abres la puerta? —le pregunto a Nina cuando salimos del taller a una húmeda ventisca de marzo—. ¿Cuándo decidiste por primera vez que ibas a abrirle la puerta a las mujeres?

—No me acuerdo. —Se encoge de hombros.

El resultado de mis discusiones sobre género con Nina es tan irrisorio como si le preguntaras a un hombre en vuestra primera cita que por qué te ha traído flores. Las ha traído porque sí. No podía no traerlas. Las tradiciones son inexplicables.

Nina vuelve a la vida a mi lado. Seducir a mujeres y enamorarse de ellas ha sido su salvación durante sus nueve años en prisión. Estoy encantada y agradecida de aprender sus métodos para sobreponerse a la muerte y al aburrimiento.

Tras la endeble y podrida valla de madera de la colonia hay un bosque oscuro y un pantano. Nueve años. Nueve años tras una valla podrida.

Sin embargo, en ese momento no me aburro tras ella.

Bebemos café instantáneo, el café instantáneo más fuerte que he bebido nunca, un café tan potente como la absenta. Con el tiempo aprendí a tomarlo cada día. Nina me invita a chocolate mientras yo saco un Snickers de mi calcetín. Los cuelo durante el cacheo en la puerta de la zona de producción.

—Aprendes rápido —se ríe ella. Le dan vergüenza sus dientes desportillados y quiere arreglárselos cuando salga, pero yo creo que contribuyen a endurecer su aspecto, y eso es bueno.

Hablo muy poco; me dan miedo mis propias palabras. Para hablar con Nina resultan excesivamente parejas y regulares; palabras cultas. Mi idioma es como el latín muerto en comparación con su temperamental italiano. Cuando me oye, Nina se avergüenza de su propio idioma, que ella cree simple y obsceno, pero yo pienso que hay mucha más vida en el suyo que en el mío, más matices de significado. El elemento decisivo es la entonación: la misma palabra dicha con una entonación diferente puede significar cosas muy distintas.

Vera, de la zona de producción de al lado, viene a visitar a Nina. Vera es joven y coqueta. Tiene el cabello grueso, largo y castaño, actitud femenina, una figura delgada y pechos de copa D. Vera se sienta con un vaso de café de plástico en la mano y contempla a Nina durante horas. Vera me dirá más adelante que en realidad nunca se ha enamorado de nadie a lo largo de sus seis años en la colonia, pero es mentira. A Nina no le gustan las chicas delicadas como Vera. Le gustan las chicas peligrosas. De vez en cuando echa polvos rápidos y furiosos con Liza, una presa veterana de otra planta de producción. Liza tiene el cabello rizado y rubio tirando a rojizo, voz ronca y una de las miradas más descaradas de toda la colonia. Cuando los rumores sobre estos encuentros llegaron a oídos de la novia formal de Nina, Katia, la reclusa jefa de mi unidad, se produjo un cataclismo. Volaron platos, bancos y macetas.

Me han convocado en el departamento de seguridad de la prisión.
—Tienes revistas en el correo, pero no te las voy a dar.
—¿Por qué no?
—Promueven la homosexualidad —me espeta la oficial de seguridad. Tacha la palabra «maricones» de la portada arcoíris de mi revista—. Tolokonnikova, ¿eres consciente de que la homosexualidad está prohibida en la colonia, no solo en la teoría, sino también en la práctica?
Así es como terminó todo. Nina fue trasladada a una celda de aislamiento durante dos semanas por relacionarse conmigo. Cuando salió de allí, ya no volvimos a hablar.
La dialéctica de la teoría y la práctica.

Héroes
BELL HOOKS

bell hooks es la madrina del feminismo poscolonial. Empezó a escribir su primer libro a los diecinueve años, cuando estudiaba con una beca en Stanford desde su segregada ciudad natal, Kentucky. Ha dado clases en la Universidad de California, en Santa Cruz, en Yale, en Oberlin y en la Universidad de la Ciudad de Nueva York, y ha publicado más de veinte obras.

Pionera del feminismo interseccional, empezó a usar este término en los años ochenta, mucho antes de que se pusiera de moda. En 1984 lanzó una bomba, un libro llamado *feminist theory: from margin to center* [teoría feminista: de los márgenes al centro], y otra en 1989, *talking back: thinking feminist, thinking black* [réplica: pensando feminista, pensando negro]. Fue una de las primeras en señalar que el feminismo no debía centrarse únicamente en el sexo, sino más bien en la interseccionalidad de raza, economía y género.

En *El feminismo es para todo el mundo,* del año 2000, bell hooks dice: «Imagina vivir en un mundo donde todos podamos ser quienes somos, un mundo de paz y de posibilidades. La revolución feminista no creará un mundo así por sí sola; necesitamos acabar con el racismo, el elitismo de clases, el imperialismo... Muchas mujeres activas del movimiento feminista no tienen perspectivas políticas radicales y no quieren enfrentarse a estas realidades, especialmente cuando ellas ganan autonomía económica como individuos bajo el amparo de la estructura existente».

Siempre pensé que para ser un artista decente debías dominar el refinado arte de poner nombres. Elocuente y preciso, un nombre debe tener el potencial de volverse común sin ser común. Al denominar aprendes sobre la economía de las palabras.

hooks nació como Gloria Watkins pero adoptó su seudónimo en honor de su bisabuela. Decidió no escribirlo en mayúsculas porque quería centrarse en su trabajo más que en su apelativo, más en sus ideas que en su personalidad. El nombre de hooks es la representación ideal de su literatura: libre de jerarquías, poética y explosiva. **La inclusión por delante del elitismo; todas las letras son iguales.**

> Mira los títulos de los libros de hook. ¿Acaso no son ejemplos perfectos de poesía?
> *ain't I a woman? black women and feminism* [¿no soy una mujer? mujeres negras y feminismo, 1981]
> *breaking bread: insurgent black intellectual life* [compartiendo: vida intelectual insurgente de los negros, 1991, coescrito con el hermano Cornel West]
> *feminism is for everybody: passionate politics* [el feminismo es para todo el mundo: política apasionada, 2000]
> *where we stand: class matters* [en pie: las clases importan, 2001]
> *we real cool: black men and masculinity* [molamos: los hombres negros y la masculinidad, 2004]
> *soul sister: women, friendship, and fulfillment* [hermanas del alma: mujeres, amistad y realización, 2007]

En el año 2000, hooks lanzó *todo sobre el amor: nuevas visiones*, su obra magna. De alguna manera, consigue combinar el análisis de las clases, los himnos solidarios, la psicoterapia, el feminismo poscolonial, el gran placer de servir a los demás y la llamada a la hermandad y sororidad. Las alabanzas al espíritu comunitario van de la mano de la añoranza por las libertades individuales.

El amor solo es amor sin interés sexual. hooks emplea la definición que da el psiquiatra M. Scott Peck en su libro *La nueva psicología del amor,* de 1978. Consciente de que su definición podía resultar inadecuada, Peck afirmó que el amor es «la voluntad de extender los límites del propio yo, con el fin de impulsar el desarrollo espiritual propio o ajeno».

Lo personal es político, así que hooks salta sin esfuerzo de las cuestiones sobre el placer sexual a analizar los mecanismos del cambio político radical. Y efectivamente, no hay movimiento de masas que triunfe sin hacer antes la sincera y peligrosa promesa de amar al prójimo y, por lo tanto, estar dispuesto a sacrificarte por su bien. ¿Recuerdas la elegía que le dedicó Nina Simone a Martin Luther King Jr. tras su muerte?

«El rey del amor ha muerto», dijo.

DECLARACIÓN FINAL

Nuestra única esperanza son los desesperados

> Llegados a este punto de la historia, pueden suceder dos cosas: o es la población general la que toma las riendas de su propio destino y se ocupa de los intereses comunitarios, guiada por los valores de la solidaridad, la empatía y el amor al prójimo, o por el contrario no habrá futuro que pueda controlar nadie.
>
> NOAM CHOMSKY,
> *Los guardianes de la libertad*

> No puedes comprar la revolución. No puedes hacer la revolución. Solo puedes ser la revolución. Está en tu espíritu o no está en ningún sitio.
>
> URSULA K. LE GUIN, *Los desposeídos*

En este momento, los riesgos a los que nos enfrentamos son mayores que nunca. Es posible que nos destruyamos y arrastremos al planeta con nosotros. Ha llegado la hora de pensar más allá de los límites existentes. Debemos cuestionar el statu quo. Nos hace falta imaginación política.

No se puede saber la respuesta sin plantear antes la pregunta. Por eso, todos deberíamos hacer un esfuerzo colectivo por hallarla. De hecho, cuando te adentras en las aguas internacionales de la piratería, no puedes esperar tener un conocimiento completo de nada. En el terreno de lo desconocido no hay conjuntos de reglas intercambiables. Lo que debe haber es una mente activa y despierta, un corazón bondadoso y buenas intenciones.

Me juré a mí misma que sería abierta y comprensiva incluso con aquellos que me insultaran, que siempre concedería el beneficio de la duda antes de juzgar. **No me apresuro a emitir juicios de valor porque sé lo que es ser una bruja que ha de arder en la hoguera.** Sé lo que se siente cuando te utilizan como cabeza de turco, y da mucho miedo. Cuando eres un paria, nadie dialoga contigo. Te arrebatan el derecho a hablar, a pensar, a sentir alegría o dolor... Te roban el derecho a vivir. Te deshumanizan, se te pinta como al enemigo, eres un objeto entre otros objetos.

He decidido ser como *El idiota*, el personaje de Dostoievski, el mismo que se dijo que siempre sería abierto, comprensivo y amable con los demás, al margen de las circunstancias. Todos buscamos algo, nos hacemos preguntas, y jamás seremos perfectos, ascendemos y caemos, sufrimos y a veces causamos sufrimiento. Puede que haga, diga o escriba tonterías sin sospechar que algún día pueda hacerle daño a alguien con ello, y es algo que lamento.

Me da igual ofrecer una imagen infantil. Prefiero seguir intentándolo, arriesgarme y caer a las llamas. Escojo vivir como una niña, pues a los niños no les cuesta reconocer que hay cosas que ignoran y tienen una curiosidad infinita y muchas ganas de aprender. Cada vez que mi hija hace algo que me sienta mal, se acerca a mí y me dice: «Dame un abrazo».

En el fondo, muchos de los que han querido herirme o acabar conmigo solo necesitaban que alguien les diera un abrazo. Una vez me enfrenté a un mercenario contratado por mi gobierno que me tiró un ácido a los ojos. Al momento me puse delante de él y le pregunté educadamente: «¿Por qué has hecho eso? Me duele. Me has hecho daño. ¿Por qué lo has hecho?». Entonces pude vislumbrar a la persona que había tras sus ojos, pero estaba confuso y no encontraba ninguna respuesta coherente y humana a mi pregunta.

Todos los seres humanos quieren creer que poseen dignidad. Si respondes a la deshumanización con más deshumanización, a tu rival le resultará más fácil ignorar tus palabras y sentimientos, estigmatizarte, meterte en la cárcel y quitarte la vida.

Me duele ver el torbellino de odio, mentiras e hipocresía en que se ha convertido la política actual. Se ha normalizado el engaño, el artificio y la duplicidad. Y mientras no te pillen, no pasa nada. De hecho, muchas veces les da igual que los pillen.

Estoy harta de contradicciones. Quienes se sientan en la Casa Blanca y citan la Biblia son pequeños farsantes que nunca practican la virtud cristiana de no juzgar a los demás, de vivir con sencillez y honestidad.

Estamos hartos de mentiras. La verdad posee una especie de superioridad ontológica existencial. Esa es la razón de que Bernie Sanders tenga tantos seguidores, pues plantea una revolución política y moral por el simple hecho de ser un político que se niega a poner su dignidad en venta, que practica lo que predica sirviendo únicamente al pueblo, en lugar de a las empresas, a sus amigos o a su propio bolsillo. Se comporta tal y como debería comportarse un político. Me parece deplorable que los políticos que hacen su trabajo con honradez y coherencia constituyan una excepción en lugar de la regla.

Necesitamos un milagro que nos saque de este atolladero. Y os digo que los milagros existen, porque yo los he vivido. Por ejemplo, a través del amor incondicional, la solidaridad y las acciones colectivas valientes. Los milagros siempre se producen en el momento justo de las vidas de quienes profesan una fe pueril en la verdad por encima de la falsedad, de quienes creen en la solidaridad y en vivir de acuerdo con la economía del don sin esperar nada a cambio. La revolución no se puede comprar, tienes que llevarla adentro donde quiera que vayas.

Todas las estructuras de poder corruptas se basan en mentiras. Citando al gran Václav Havel: «La mentira se mantiene mientras que la gente esté dispuesta a vivir en ella». Debemos tomar la decisión consciente de dejar de vivir en la mentira.

Me gustaría acabar comentando lo que he aprendido (o no) a través de mis acciones políticas y artísticas.

- **He aprendido una combinación de zen, fuerza de voluntad, serenidad y perseverancia.**
Quienes practican las artes marciales conocen bien el poder de semejante elixir. Cuando luchas no puedes dejarte llevar por el miedo o la rabia para esconderte o huir en lugar de jugar una civilizada partida de ajedrez sobre el tatami. La victoria se obtiene pensando con la cabeza.

- **He aprendido a aceptar el odio de los demás.**
No te puedes ni imaginar a cuántas personas saco de quicio. En general, cuando acusan a alguien comprometido con su causa de ser un criminal o un paria, se trata de una buena señal.
No son solo tus rivales quienes se enfadarán contigo. Si te dedicas a llamar a puertas y pedirle a la gente que arrime el hombro, habrá unos cuantos que te mandarán a la mierda, pero no pasa nada. Te vas a la mierda y desconectas un rato, que siempre viene bien para reflexionar.

- **He aprendido a ser agradecida, desechando las expectativas materialistas que me rodean acerca de la vida y las personas.**
El voluntariado me ha ayudado a desarrollar una actitud de lo más útil: la de no esperar que nadie me

haga favores a mí o a mi causa. Por eso, cuando alguien lo hace, sientes una alegría tremenda. Cada vez que alguien me echa una mano en alguna causa digna, me siento asombrada y agradecida. Eso quiere decir que confían en mí y que he conseguido motivarlos para ayudar, lo que en sí mismo es el mayor de los premios. Hay batallas que se pierden, convocatorias preparadas durante semanas que se suspenden, impedidas por las escuchas policiales a tu teléfono. En esos momentos resulta difícil no sentir ira y frustración, pero, oye, conoces a tantas personas buenas y maravillosas por el camino que al final siempre merece la pena intentarlo.

- **He aprendido a entregarme por completo a mis actos.**
  Los que tienen el poder y lo emplean para jodernos nos vigilan; si no nos mostramos firmes, no nos cederán ni una migaja.

- **He aprendido a no avergonzarme por ser quien soy.**
  Si de verdad me importase lo que piensan de mí, no habría logrado nada. Un día me llaman histérica cachonda. Al siguiente aparezco en alguna revista de belleza bajo el siguiente titular: «Nadya ha superado sus problemas sexuales y de imagen». Está claro que ambas cosas son igual de absurdas.
  Una vez me dijeron que no fuera a una manifestación feminista porque me iban a odiar, ya que nuestro país no estaba preparado para entender algo así. Que los rusos pensaban que las feministas eran tiparracas con mala leche que llevaban años sin follar, que querían matar a todos los hombres y bla-bla-bla. A Bernie Sanders le dijeron que no se definiera como socialista, porque en las zonas rurales de Estados Unidos les daba urticaria al oír esa palabra. Sin embargo, tras varias generaciones bajo el influjo de la propaganda antico-

munista de la Guerra Fría, los estadounidenses volvían a votar a un socialista. Que cada uno siga haciendo lo que tenga que hacer, y que sea el mundo el que cambie de opinión.

Si tú no te sientes orgullosa de ser quien eres, nadie lo hará.

- **He aprendido a salir de la trampa de creer que a nadie le importa lo que hago.**
Deshazte de los complejos mesiánicos. No puedes resolver los problemas del mundo sin la ayuda de nadie. Si crees eso, es que eres como Trump. El activismo individual es una parte única e importante de una reacción en cadena global, *ergo* hay que hacerlo. Dicho de otra manera: piensa globalmente, actúa localmente.

- **He aprendido a rechazar las tomaduras de pelo de la política.**
Los expertos, las revistas de economía, los grupos de estudio, las universidades de élite, los parlamentarios, Putin: todos ellos nos toman el pelo, intentan manipular nuestra forma de pensar y convencernos de que estamos equivocados. Dicen que todo va bien y que nos inventamos los problemas. Quieren que nos creamos unos incultos, inconscientes de nuestras opciones y sin llevarlas a cabo. En realidad, ¿quién va a saber mejor cómo vive el pueblo que el mismo pueblo?

- **He aprendido a ser tonta.**
Como suele decir Bernie Sanders, si no fuera tonta, habría dejado la política hace mucho tiempo. Porque ya se sabe, «las cosas no se pueden cambiar», «no merece la pena intentarlo» y toda la pesca. Pero yo debo de ser tonta, porque sigo haciéndolo de todos modos.

Todas las reglas, incluidas las que recogen estas páginas, pueden ser desechadas (y probablemente deban serlo). Debéis tomaros este libro como otra plegaria punk de las Pussy Riot, la enésima búsqueda del milagro, un intento (fallido) de iniciar la revolución. **La interpretación rígida de cualquier regla o consejo destruye el espíritu de la libertad, lo que sin duda es el peor de todos los resultados posibles.**

Creo que deberíamos atenernos a las palabras que nos dejó Ludwig Wittgenstein en la última parte de su *Tractatus logico-philosophicus*:

> 6.54. Mis proposiciones son esclarecedoras de este modo: que quien me comprende acaba por reconocer que carecen de sentido, siempre que el que comprenda haya salido a través de ellas fuera de ellas. (Debe, pues, por así decirlo, tirar la escalera después de haber subido.) Debe superar estas proposiciones; entonces tendrá la justa visión del mundo.

El mismo Wittgenstein reconocía que algunas de sus propuestas tenían algo de absurdo, aunque seguían resultando útiles. Yo aplicaría esa idea a cualquier conjunto de normas.

Da igual a qué dediques tus actos de desobediencia civil, ya sean mítines, ocupaciones, pinturas, canciones o liberar animales del zoo: **lo que importa es que lo hagas, y romper así las redes de la sumisión en pedazos.**

Recuerda una cosa: si todos los que critican a Trump por Twitter salieran a la calle y no se marcharan hasta que abandonara la presidencia, Trump estaría fuera de la Casa Blanca en menos de una semana. Los desposeídos sí tienen poder.

Respuestas al acertijo de las páginas 66 y 67:

«Tu cuerpo es un campo de batalla», **Barbara Kruger**
«Compro, luego existo», **Barbara Kruger**
«La música me pone cachonda», **Cansei de Ser Sexy**

Epílogo

de Kim Gordon

Qué suerte tenemos de conocerte, Nadya. Deberíamos fusionarnos contigo para absorber por ósmosis tus experiencias entre seres codiciosos, sedientos de poder, autoritarios y narcisistas. Enséñanos las lecciones que has aprendido al crecer en un entorno político opresor para que sepamos enfrentarnos al nuestro, algo que resulta más terrorífico y difícil a cada día que pasa. Como explicas en este libro, entre nuestras naciones se desarrolla un curioso juego de espejos. Trump quiere ser como Putin y Putin quiere ser más putinesco. Tu libro es una mezcla entre una guía de las Girl Scouts (esa asociación estadounidense que se dedica a producir nacionalismo y galletas, pero también DYI) y un manual para la revolución. Aunque habla muy en serio, desprende un espíritu alegre como un episodio de *Misión: Imposible*, cuando una voz a través de una grabadora nos dice: «Si decide aceptar esta misión... este mensaje se autodestruirá en cinco segundos». Como tú misma aconsejas, no hay por qué cumplir ninguna regla: simplemente son métodos de entrada o de salida. El acto en sí no es absoluto, sino una partida hacia delante. También citas a Wittgenstein:

> 6.54. Mis proposiciones son esclarecedoras de este modo: que quien me comprende acaba por reconocer que carecen de sentido, siempre que el que comprenda haya salido a través de ellas fuera de ellas. (Debe, pues, por así decirlo, tirar la escalera después de

haber subido.) Debe superar estas proposiciones; entonces tiene la justa visión del mundo.

Todo el mundo busca la próxima revolución cultural. El punk llegó de la mano del situacionismo, pero uno nació de la cultura *hippie*, y el otro de la *antihippie*. La gente busca la revolución en la música —la de los años sesenta, el punk, Nirvana (desde los rincones más recónditos del *indie*)—, pero solo si se entiende como movimiento populista. El *noise* y las corrientes más experimentales, los estilos que más se acercan a la libertad de expresión, no llegarán a implantarse nunca en el *mainstream* (¿o sí?). ¿Se trata de una cuestión puramente artística, o un acto en contra de la escritura automática y programada de las canciones comerciales? Creo que el mensaje de tu libro es el siguiente: «Dejad de esperar a que suceda algo y pasad a la acción. Olvidad las nociones románticas del pasado, lo único que importa son los hechos, por extraños que parezcan. Igual que el sexo, que puede resultar extraño a veces, pero solo si piensas en él de esa manera».

Epílogo

de Olivia Wilde

Cuando me ofrecieron interpretar el papel de Julia en una adaptación teatral de la novela *1984* de George Orwell, tuve ciertas dificultades a la hora de desarrollar un personaje al que siempre había considerado como una mujerzuela frívola sin el más mínimo compromiso con la revolución. Julia quería follar, beber café y comer chocolate a todas horas, lo que yo ingenuamente entendí como que no era tan valiente como el trágico y sacrificado Winston de Orwell. Por supuesto, después de sumergirme de lleno en el material y asimilar por fin el alcance de la revolución de Julia, me di cuenta de lo equivocada que estaba, y enseguida supe quién sería mi inspiración para la actuación: Nadya Tolokonnikova. Y así, Julia se abrió ante mis ojos como una flor.

Nadya encarna el verdadero espíritu de la rebelión con cada fibra de su ser. La revolución no es un acto, sino una actitud. Al interpretar aquel papel, durante 141 minutos de cada noche ocho veces a la semana, logré conectar con esa manera de existir. Para mí fue toda una revelación saber que era posible vivir con una independencia tan feroz solo con tomar una decisión. ¿Qué pasaría si todo el mundo escogiera seguir ese camino?

Pussy Riot, como la obra de arte viviente y revolucionaria que es, ejemplifica el rechazo total al control. Ellas han insuflado vida, humor, color y alegría a la lucha por la libertad. Como dijo Arundhati Roy en su *Retórica bé-*

lica: «Nuestra estrategia debería consistir no solo en enfrentarnos al Imperio, sino también en asediarlo. Privarlo de oxígeno. Avergonzarlo. Burlarnos de él. Con nuestro arte, nuestra música, nuestra literatura, nuestra obstinada porfía, nuestra alegría, nuestra mente, nuestra inflexible oposición y, sobre todo, nuestra capacidad para contar nuestras propias historias. Unas historias que son diferentes de las que tratan de hacernos creer para lavarnos el cerebro». Nos olvidamos de nuestra propia capacidad para forjar la realidad. Tal y como profetizó Orwell, si renunciamos a ejercer el control sobre nuestra conciencia, aceptamos convertirnos en nuestros propios opresores.

Es posible que el acto más poderoso de los que tenemos a nuestro alcance sea el de existir, sin permitir que nos derroten y nos despersonalicen entregándonos a la apatía o la tristeza. Sin duda, Howard Zinn lo expresó mejor en su obra *El optimismo de la incertidumbre*: «Lo que decidamos enfatizar en esta sinuosa historia determinará nuestras vidas. Si solo vemos lo peor, se derrumba nuestra capacidad de actuar… El futuro es una sucesión infinita de presentes, y vivir hoy tal como creemos que se debe vivir, en desafío total ante el mal que nos rodea, es en sí una victoria extraordinaria». El desafío es un acto de optimismo. No debemos renunciar a nuestra capacidad de reescribir la historia, por mucho que nos castiguen por ello.

Después de interpretar a Julia durante seis meses en Broadway, finalmente tuve la oportunidad de conocer a Nadya cuando vino a ver la obra. Esa noche sentí su presencia en el auditorio, lo que me revitalizó hasta el punto de arrancarme las lágrimas. De pronto supe que mi Julia no estaba sola, sobre todo cuando pronuncié la frase: «Estoy viva, soy real, existo en este mismo momento. Derrotamos al Partido con pequeños actos de desobediencia secreta. Felicidad secreta». Entonces supe que Nadya lo entendía, y yo también lo entendí al fin.

Lecturas recomendadas

Alexander, Samuel, Ted Trainer y Simon Ussher. *The Simpler Way*. Simplicity Institute Report, 2012.

Alinsky, Saul. *Tratado para radicales*. Traficantes de sueños, Madrid, 2012.
——*Rules for Radicals: A Practical Primer for Realistic Radicals*. Random House, Nueva York, 1971.

Barber, Stephen, ed. *Pasolini: The Massacre Game: Terminal Film, Text, Words, 1974-75*. Sun Vision Press, Nueva York, 2013.

Barthes, Roland. *Mitologías*, Siglo XXI, Madrid, 2016.

Berrigan, Daniel. *The Nightmare of God: The Book of Revelation*. Wipf and Stock, Eugene, Oregón, 2009.

Black, Bob. *La abolición del trabajo*. Pepitas de Calabaza, Logroño, 2013.

Breton, André. *Manifiestos del surrealismo*. Visor Literario, Madrid, 2009.

Bukovski, Vladimir. *To Build a Castle: My Life as a Dissenter*. Viking, Nueva York, 1979.

Butler, Judith. *El género en disputa. El feminismo y la subversión de la identidad*. Paidós, Barcelona, 2007.
——*On the Discursive Limits of Sex*. Routledge, Nueva York, 1993.

———*Precarious Life: The Powers of Mourning and Violence*. Verso, Nueva York, 2004.

Chomsky, Noam. *Americanism*. https://www.youtube.com/watch?v=8basvBeZEL0.
———*Chomsky esencial*. Austral, Barcelona, 2012.
———*Language and Politics*. Black Rose Books, Nueva York, 1988.

Cone, James H. Black. *Theology and Black Power*. Harper & Row, Nueva York, 1969.
———*A Black Theology of Liberation*. J. B. Lippincott, Filadelfia, 1970.
———*The Cross and the Lynching Tree*. Maryknoll, Orbis Books, Nueva York, 2011.
——— *God of the Oppressed*. Maryknoll, Orbis Books, Nueva York, 1997.

Davis, Angela Y. *Autobiografía*. Capitán Swing, Madrid, 2016.
———*Democracia de la abolición. Prisiones, racismo y violencia*. Trotta, Madrid, 2016.
———*La libertad es una batalla constante*. Capitán Swing, Madrid, 2017.
———*Mujeres, raza y clase*. Akal, Madrid, 2005.

Debs, Eugene V. *Labor and Freedom*. Phil Wagner, Saint Louis, 1916.
———*Walls and Bars*. Socialist Party of America, Chicago, 1927.

De Kooning, Elaine. *The Spirit of Abstract Expressionism: Selected Writings*. George Braziller, Nueva York, 1994.

Dickerman, Leah. *Dada*. National Gallery of Art, Washington, DC, 2005.

Diógenes Laercio. *Vida y opiniones de los filósofos ilustres*. Alianza, Madrid, 2013.

Dostoievski, Fiódor. *El idiota.* Penguin Clásicos, Barcelona, 2013.
——*Letters and Reminiscences.* Alfred A. Knopf, Nueva York:,1923.
——*Memorias del subsuelo.* Cátedra, Madrid, 2006.

Dworkin, Andrea. *Heartbreak: The Political Memoir of a Feminist Militant.* Basic Books, Nueva York, 2002.
——*Intercourse.* Basic Books, Nueva York, 2002.
——*Life and Death.* Free Press, Nueva York, 1997.

Einstein, Albert. *Mis ideas y opiniones.* Antoni Bosch Editor, Barcelona, 2011.

Fanon, Franz. *Black Skin, White Masks.* Rev. ed. Grove Press, Nueva York, 2008.
——*The Wretched of the Earth.* Grove Press, Nueva York, 1963.

Figner, Vera. *Memoires of a Revolutionist.* Northern Illinois University Press, DeKalb, 1991.

Firestone, Shulamith. *The Dialectic of Sex: The Case for Feminist Revolution.* William Morrow, Nueva York, 1970.

Foucault. Michel. *Vigilar y castigar. Nacimiento de la prisión.* Siglo XXI, Madrid, 2013.
——*Historia de la locura en la época clásica I y II.* Fondo de Cultura Económica, México DF, 2016.

Friedan, Betty. *La mística de la feminidad.* Cátedra, Madrid, 2016.
——*La segunda fase.* Plaza y Janés, Barcelona, 1993.

Fromm, Erich. *The Art of Being.* Continuum, Nueva York, 1993.
——*Psicoanálisis de la sociedad contemporánea. Hacia una sociedad sana.* Fondo de Cultura Económica, México DF, 1990.

Gorbanevskaya, Natalya. *Red Square at Noon*. Holt, Reinhart & Winston, Nueva York, 1971.

Goldman, Emma. *Feminismo y anarquismo*. Enclave de Libros, Madrid, 2017.
——*Prisons: A Social Crime and Failure*. Library of Alexandria, Alexandría, 2009. Kindle.

Havel, Vaclav. *El poder de los sin poder y otros escritos*. Encuentro, Madrid, 2013.
——*Open Letters: Selected Writings, 1965–1990*. Alfred A. Knopf, Nueva York, 1991.

Hedges, Chris. *American Fascists: The Christian Right and the War on America*. Free Press, Nueva York, 2006.
——*Empire of Illusion: The End of Literacy and the Triumph of Spectacle*. Nation Books, Nueva York, 2009.
——*Wages of Rebellion*. Nation Books, Nueva York, 2015.
——*War Is a Force That Gives Us Meaning*. Public Affairs, Nueva York, 2002.

Hedges, Chris; Sacco, Joe. *Días de destrucción, días de revuelta*. Planeta de Agostini Cómics, Barcelona, 2010.

hooks, bell. *Ain't I a Woman: Black Women and Feminism*. South End Press, Boston, 1981.
——*All about Love: Nueva Visions*. William Morrow, Nueva York, 2000.
——*El feminismo es para todo el mundo*. Traficantes de sueños, Madrid, 2017.
——*Feminist Theory: From Margin to Center*. South End Press, Boston, 1984.
——*Soul Sister: Women, Friendship, and Fulfilment*. South End Press, Boston, 2006.
——*Talking Back: Thinking Feminist, Thinking Black*. South End Press, Boston, 1989.
——*We Real Cool: Black Men and Masculinity*. Routledge, Nueva York, 2004.

——*Where We Stand: Class Matters*. Routledge, Nueva York, 2000.

hooks, bell; West, Cornel. *Breaking Bread: Insurgent Black Intellectual Life*. South End Books, Boston, 1991.

Hugo, Victor. *Los miserables*. Alianza, Madrid, 2015.
——*El noventa y tres*. Montesinos, Barcelona, 2002.

Illich, Iván. *Obras reunidas. Volumen I*. Fondo de Cultura Económica, México DF, 2006.

Kaminskaya, Dina. *Final Judgement: My Life as a Soviet Defense Attorney*. Simon & Schuster, Nueva York, 1982.

Kant, Immanuel. *Antropología: en sentido pragmático*. Alianza, Madrid, 2015.

Kesey, Ken. *Alguien voló sobre el nido del cuco*. Anagrama, Barcelona, 2017.

King, Martin Luther, Jr. *The Autobiography of Martin Luther King*. Warner Books, Nueva York, 1998.

Kolontái, Alexandra. *Selected Writings*. Norton, Nueva York, 1980.

Kropotkin, Peter. *Kropotkin's Revolutionary Pamphlets*. Vanguard Press, Nueva York, 1927.

Laing, R. D. *El yo dividido*. Fondo de Cultura Económica, México DF, 2010.
——*Nudos*. Marbot Ediciones, Barcelona, 2008.
——*La política de la experiencia*. Cátedra, Madrid, 1983.

LeGuin, Ursula. *Los desposeídos*. Minotauro, Barcelona, 2018.

Luciano de Samóstata. *Diálogos*. Alianza, Madrid, 2018.

Marcuse, Herbert. *La dimensión estética: Crítica de la ortodoxia marxista*. Biblioteca Nueva, Madrid, 2007.

Mandelstam, Nadezhda. *Contra toda esperanza*. Acantilado, Barcelona, 2017.

Mayakovski, Vladimir. *The Bedbug and Selected Poetry*. Indiana University Press, Bloomington, 1975.

Miller, Henry. *El mundo del sexo*. Sur, Buenos Aires, 1963.

Orwell, George. *Rebelión en la granja*. Debolsillo, Barcelona, 2013.
——*1984*. Debolsillo, Barcelona, 2013.

Paine, Thomas. *Derechos del hombre*. Alianza, Madrid, 2008.

Pankhurst, Emmeline. *My Own Story*. Hearst International Library, Honolulu, 1914.

Plutarco. *Vidas paralelas*. Createspace Independent Publishing Plataform, 2016.

Proudhon, P. J. *General Idea of the Revolution in the Nineteenth Century*. University Press of the Pacific, Honolulu, 2004.

Richter, Hans. *Dada: Art and AntiArt*. 2nd ed. Thames & Hudson, Nueva York, 2016.

Rorty, Richard. *Achieving Our Country: Leftist Thought in Twentieth Century America*. Harvard University Press, Cambridge, MA, 1998.
——*Contingencia, ironía y solidaridad*. Paidós, Barcelona, 1991.
——*La filosofía y el espejo de la naturaleza*. Cátedra, Madrid, 2010.

Sanders, Bernie. *Bernie Sanders Guide to Political Revolution*. Henry Holt, Nueva York, 2017.
——«How the Media Iced Out Bernie Sanders & Helped Donald Trump Win». Democracy Now, 1 de diciembre de 2016, https://www.democracynow.org/2016/12/1/how_the_media_iced_out_bernie.

——*Our Revolution*. Thomas Dunne, Nueva York, 2016.

Sloterdijk, Peter. *Critíca de la razón cínica*. Siruela, Madrid, 2014.

Snyder, Timothy. *Sobre la tiranía. Veinte lecciones que aprender del siglo XX*. Galaxia Gutenberg, Barcelona, 2017.

Solzhenitsyn, Aleksandr. *Archipiélago Gulag I y II*, Tusquets Editores, Barcelona, 2015.

Stiglitz, Joseph E. *El precio de la desigualdad*. Debolsillo, Barcelona, 2015.

Streeck, Wolfgang. *¿Cómo terminará el capitalismo?* Traficantes de sueños, Madrid, 2017.

Tillich, Paul. *El coraje de existir*. Laia, Barcelona, 1973.
——*Dynamics of Faith*. Harper & Row, Nueva York, 1957.
——*The Shaking of the Foundations*. Charles Scribner's Sons, Nueva York, 1948.

Tzara, Tristan. *On Feeble Love and Bitter Love: Dada Manifesto*. Molotov Editions, San Francisco, 2017.
——*Siete manifiestos Dadá*. Austral, Barcelona, 2015.

Verhaeghe, Paul. *What about Me? The Struggle for Identity in a Market-Based Society*. Scribe, Melbourne, 2014.

Villon, François. *Poesía completa*. Visor, Madrid, 2007.

West, Cornel. *The Cornel West Reader*. Basic Books, Nueva York, 1999.
——*Democracy Matters*. Penguin, Nueva York, 2004.
——*Race Matters*. Beacon, Boston, 1993.

Wilde, Oscar. *La balada de la cárcel de Reading*. Literatura Random House, Barcelona, 2017.

Wittgenstein, Ludwig. *Tractatus LogicoPhilosophicus.* Alianza, Madrid, 2012.

Zinn, Howard. *Una historia popular del Imperio americano.* Sinsentido, Madrid, 2010.

——*Nadie es neutral en un tren en marcha.* Hiru Argitaletxea, Hondarribia, 2001.

Este libro utiliza el tipo Aldus, que toma su nombre
del vanguardista impresor del Renacimiento
italiano, Aldus Manutius. Hermann Zapf
diseñó el tipo Aldus para la imprenta
Stempel en 1954, como una réplica
más ligera y elegante del
popular tipo
Palatino

El libro Pussy Riot
se acabó de imprimir
un día de verano de 2018,
en los talleres gráficos de Liberdúplex, s.l.u.
Ctra. BV-2249, km 7,4, Pol. Ind. Torrentfondo
Sant Llorenç d'Hortons (Barcelona)